中國潮男

陳仲輝

第一部

獻給屈原先生

自序

一

看中國男裝，就像看中國歷史，通過認識男裝的發展，能了解父系社會下的價值觀和審美觀。中國潮男分一、二兩部，第一部講男人，第二部討論時裝，全書以史實為基礎，設計為核心，系統地分析男人和時裝。第一部十一章，分別是時尚之父、時裝教主、另類繆斯、潮流推手、時裝精、萬人迷、服妖、怪癖、男體、朝聖和尋找完美男人，用時尚去解構我們熟悉的名字，才驚覺屈原、孔子、竹林七賢、蘇東坡、諸葛亮、雍正、溥儀等人都與時尚息息相關。愛美之心，人皆有之，皇帝與平民都一樣，但是不同的年代，卻造就不同的男人。漢以前，中國男人文武雙全，漢以後，卻變成文弱書生，後來更被貶稱為東亞病夫。中國男人的氣質，好像一代不如一代，今天的大款，富而不貴，箇中原因，值得深思。第二部十七章，分別是變革、審美、階級、形制、裁剪、工藝、衣料、紋樣、色彩、日常服、功能服、首服、足衣、配飾、過去、現在和未來，中國歷來以衣冠文明而享譽世界，在世界男裝系統中，中國男裝自成一派，獨特的造型，精美的絲織品，非凡的工藝，斑斕的色彩，加上圖必有意，意必吉祥，反映人民對美好的嚮往。同時又帶出森嚴的等級觀念，寧穿破，莫穿錯，違反等級是絕對不容許的，因此從衣著的面料、款式、色彩和紋樣，就能分辨一個人的身分。以漢族為主的中國，歷代服飾其實並不是單一的漢制，更多時候是採用一國兩制，漢制和胡制，兩種服制時而並用，時而排斥。

當代時尚以西服為主，年輕人大都只是關注西方潮流，對自身的傳統服飾反而感覺陌生，因而興趣大減，其實早在唐朝，首都長安已是國際大都會，各國型人都來朝聖，時尚之風比當今巴黎或紐約更甚。因此在中國傳統服飾日漸淡化的今天，希望此書能幫助年輕一代，加深自身文化的認識，和對中國男裝的關注，在未來中國男裝得以有更好的發展。

目次

第一部

第二部

1

時尚之父

史上最狠毒的
時裝宣言

我頭戴極高的冠，身掛很長的佩飾……
我佩戴得這樣繁多美麗，香氣四散。
人各有其所好，我獨愛講究穿著，
就算把我支解也不會改變，
豈是一點威脅就可以動搖我的心。
（譯自屈原《離騷》）

奇裝異服

屈原的愛國詩人形象，深入民心，但屈原是一個奇裝異服倡導者，可能很多人都不知道。其實屈原是一個特別注重外表修飾的人，他認為這是一種美德，在屈原的作品中，提及穿著打扮的文字非常多，描述大膽外露，觀點離經叛道，完全超出我們想像，形容他為時尚之父，絕不為過，看看他在《九章》中如何描述自己：「余幼好此奇服兮，年既老而不衰」，成語「奇裝異服」就源於此。屈原是一個完美的浪漫主義者，特別鍾愛花花草草，他在《離騷》中多處提及採集香草，喜歡用來做佩飾，修飾自己外表，他還大膽地發表自己的時裝宣言：「高余冠之岌岌兮，長余佩之陸離……佩繽紛其繁飾兮，芳菲菲其彌章，民生各有所樂兮，余獨好修以為常，雖體解吾猶未變兮，豈余心之可懲。」

屈原不可能不知道發出這樣宣言的後果，但他的立場如此堅定，反映他對現實非常失望和悲憤，才會說出這樣驚世的宣言。

DESIGNED BY 屈原

屈原還在《離騷》中寫道，
用荷葉裁成上衣，
荷花做成下裳，
其實屈原不單只喜歡用荷花做衣裳，
各類花花草草他都喜歡，
是一個不折不扣的花癡。

亦正亦邪

因為崇拜　所以顛覆

稱屈原為時尚之父不是人人都能接受，
反對的人會批評他衣著浮誇，違反儒家禮儀，
認為他的時裝宣言只是邪教，一點正氣都沒有，怎能稱得上時尚之父？
其實剛好相反，屈原不僅不是一個儒家反對者，
甚至非常推崇儒家禮教，只不過對儒家禮教的推崇多體現在他治國的理念上，
在審美情趣上屈原則較傾向道家的自然，講求無拘無束，自我解放。
因此屈原的性格是儒家與道家的綜合體，他遵從儒家道德的教訓，
但不會盲目，他講求道家的忘我，但不會放縱。
屈原性格非常複雜多面，他激情愛國，浪漫憂鬱，
既嚴謹又率真，既前衛又尊古；他既是天才，又是瘋子，
這樣亦正亦邪的性格在中國歷史上前無古人，後無來者，
作為時尚之父，當之無愧。

2

時裝教主

正其衣冠關乎禮

君子

穿對的 不是穿喜歡的

孔子用他的一生試圖建立一個理想國，
理想國裡人人都是君子。
雖然孔子最終帶著遺憾離開世界，
但他沒有想到他的教訓影響著後來一代又一代，
甚至整個中華民族。
孔子提倡以禮治國，服裝成為體現禮儀重要的一部分，
因此孔子常常教導他的學生，
注重衣著整齊就是禮，不修儀容視為非禮，
孔子把有禮的人稱為君子，君子是孔子對人格的一種道德評判標準，
孔子說：「文質彬彬，然後君子」，
質是人的內在品質，文是人的外在形象，只有文和質都俱備，才是君子。
孔子又補充說：「質勝文則野，文勝質則史」，

質勝過文會顯得粗野，文勝過質會顯得浮誇，
君子成了中國人對理想男人的人格典範，道德情操的標準。
在《論語》中孔子對君子的穿著用心良苦地作出說明，
他認為君子必須遵守，就像西方紳士一樣，穿著上也有很多教條，
雖然君子不等同於紳士，但相同的是他們同樣強調穿著的規矩，
規矩的核心理念是穿對的，而不是穿自己喜歡的。

君子教條

孔子說：君子不能用深青色和黑紅色的布鑲邊，不能用紅色或紫色布做家居服，
夏天不管穿粗或細的葛布薄衣，出門時必須加穿外衣，
黑衣需配黑羊皮袍，白衣需配白鹿皮袍，
黃衣需配黃狐皮袍，
家居皮衣要做長一些，右邊袖要做短一些。
睡覺必須要有小被，長度為一身半，
用厚狐貉皮做坐墊，喪服期滿才可戴佩飾，
除了朝祭服可用整幅布做不加裁剪外，其他一律要裁短一些。
不能穿黑羔羊皮袍和戴黑帽去弔喪，
每月初一一定要穿禮服去朝賀，
齋戒一定要穿布做的浴衣和改變平常的飲食，
還有必須戒行房。

紳士教條

紳士不能用白色襪子來配正裝，

襪子的長度應足夠拉到小腿肚，以防止坐下來時露出皮膚，

穿著單排扣西裝外套，永遠別扣最下的一個鈕扣，

但雙排扣西裝外套則全部扣上，

最好選擇毛料襯底領子的西裝外套，因為更貼服頸部。

西裝外套長度要剛好蓋過臀部，

西裝外套側袋不應用來裝東西，名片除外，

為了口袋不變形，最好保留口袋縫線不要拆開，

襯衫袖必須比西裝外套袖長二厘米。

襯衫下要穿汗衫，領帶的長度要長至皮帶扣，

褲子不能太緊，別讓人看出內褲痕，

褲的長度應在鞋面上有少許下垂，不能過短像吊腳。

君子也發火

惡紫奪朱

孔子最不能忍受別人改動他的教條，
面對別人改動顏色，
彬彬有禮的孔子也發火，
孔子說「惡紫之奪朱也」，
別人以紫色代替朱紅色，
孔子認為是非禮的舉動，
這樣改動是不能接受的，
因為傳統上
紫色不是正色，
朱紅色才是正色，
邪色是不能勝正色的。

狠批學生

子路是孔子弟子之中個性最突出的一個，
他在成為孔子弟子前，是一個街頭小霸王，
個性剛直，好勇鬥狠，穿著粗野，
喜歡頭戴雞公式帽子，腰佩公豬形掛飾，
穿著十分張揚浮誇，他在追隨孔子之前，
曾經欺凌孔子，後在孔子的禮樂教化下，
改變了穿衣風格，最後成為孔子的學生。
子路改掉他的粗野穿著之後，有一次他滿心高興，
精心裝扮，非常氣派，一身盛裝去見孔子，
孔子卻不悅且狠批了子路一頓：
你這麼傲慢，衣服太華麗，滿臉得意的神色，
不是弟子應該的穿著，
這樣穿著的學生，沒有人會喜歡教導你。
此時子路才發現自己穿著過了頭，趕緊回家換衣服。

3

另類繆斯

時尚的人都帶點邪

中國嬉皮

魏晉時期有七個名士，他們身上結合了文人氣質和前衛精神，他們以崇尚虛無，
任情不羈而享負盛名，後人稱他們為竹林七賢：嵇康、阮籍、
山濤、劉伶、王戎、向秀和阮咸，他們鄙棄權勢，不慕榮華富貴，
不追逐名利，可做官而不做，寧保留獨立個性，追求逍遙生活。
他們生活上痛苦，精神上自由，他們穿著輕薄飄逸、簡約寬鬆的衫子，
衫領敞開，袒露胸懷，赤腳散髮，有的梳丫角髻，有的包巾子，
文人作這種地位低微的打扮，目的是表現他們敢於突破傳統禮教的束縛。
他們開創了一種新的生活態度，越名教而任自然，
苦悶之時，他們相約竹林中開懷大飲，借酒消愁，他們撫琴吟詩，吸食五石散，
忘卻人間煩惱，他們的行為很像西方的嬉皮。
竹林七賢是極端的完美主義者，他們對完美的追求近乎病態，
他們唯美，浪漫，解放，瘋狂，智慧，悲壯，
他們的行為被部分人攻擊，但被更多人仰慕。
他們在中國歷史上留下不可替代的人格魅力和盪氣迴腸的生命色彩，
直至今天仍然是無數人的繆斯，帶給人們無限的創作靈感。

五石散

五石散相當於今天的興奮劑，主要由石鐘乳、石硫磺、白石英、紫石英和赤石脂五種礦物組成。
在魏晉時期文人間非常流行，可以讓人亢奮，他們對五石散上癮就像西方嬉皮吸食大麻一樣，藉此暫時忘卻人間痛苦，尋找心靈寄託。
五石散性熱，吃後令人全身發熱，然後又發冷，然而服五石散發冷和普通發冷不同，服五石散後發冷一定要少穿衣，冷食和冷水澆身，若多穿衣和熱食，則必死無疑，所以魏晉名士都穿寬鬆的衣服，免得服藥後皮膚被衣服擦傷。
魏晉名士用消極放縱的態度，服藥飲酒的方法，來對抗黑暗的現實，歷來褒貶不一。

廣陵散

《廣陵散》被譽為中國最美的樂曲，其來歷有一個美麗的傳說：
在一個寂靜的深夜，一位神秘的古人與嵇康相遇，
古人彈奏一曲《廣陵散》令嵇康非常沉醉，
古人把曲子傳授給嵇康，並吩咐不可傳給第二個人。
嵇康是一個音樂家，個性傲氣和正義，
因為不願與當權者同流合污，惹上殺身之禍。
臨刑前為了答謝幫他請願的三千名太學生，
在刑場上從容不迫地演奏一曲《廣陵散》，琴音劃破了死寂的刑場，
時而高亢，時而低沉，在場的兵士都感動下淚，
曲終時嵇康留下最後一句：「《廣陵散》從今絕矣！」
嵇康悲壯而慘烈的一生，令人仰慕，而《廣陵散》一曲則成為千古絕響。

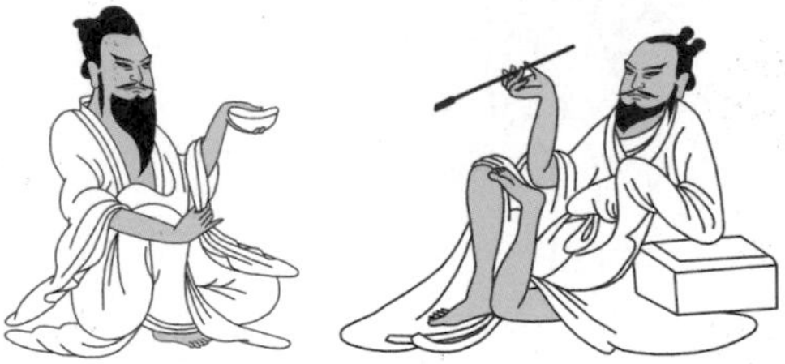

竹林七賢

在南京古墓發現的晉磚畫上，可看見竹林七賢的穿衣打扮，他們衫領敞開，袒露胸懷，赤腳散髮，有的梳丫角髻，有的包巾子。

王戎　王戎在竹林七賢中年齡最小，參加竹林聚會時只得十五歲，出身名門望族，是個神童。赤腳的王戎面對著山濤，手拿搔背用的如意，穿寬鬆的衫子，梳丫角髻。

山濤　竹林七賢中山濤年齡最大，參加竹林聚會時已四十多歲，他與嵇康和阮籍是要好朋友。頭戴巾子的山濤也是赤腳，身穿寬鬆的衫子，左手端著一碗酒，右手拉著左腕的袖子，像在敬酒。

阮籍　阮籍自小奇才異質，與眾不同，
博覽群籍，特別好老莊。
阮籍捲起袖子，赤腳盤膝，在吹口哨的樣子，
他身穿寬鬆的衫子，頭包巾子。

嵇康　嵇康是有名的音樂家，會打鐵的大帥哥，身高一米八，
他拋棄功名，走進深山打鐵，過著清苦卻自由的生活，
性格有點高傲，不愛跟人來往，只愛獨自彈琴。
嵇康和阮籍對坐，梳丫角髻，同樣穿寬鬆的衫子和赤腳。

向秀　向秀與山濤是同鄉，他是思想家，也擅長詩賦，
他頭包巾子，赤腳，身穿寬鬆的衫子，衫領敞開，
袒露胸懷，正思考問題。

劉伶　劉伶人矮小，身高只有一米四，其貌不揚，
不問世事，只愛喝酒，是一個詼諧搞怪的人。
他醉酒後會脱光衣服，被人撞見了，
他會説我把天地當房屋，把房屋當衣服，
你們為什麼要走進我的衣褲裡。
劉伶身穿寬鬆的衫子，梳丫角髻，赤腳，正端著一碗酒。

阮咸　阮咸也是音樂家，他懷中抱著一張直琵琶，
是他自己發明的，所以後人都稱這樂器名「阮」。
古時每年七月七曰，有曬衣服的習俗，
有錢人會把華美的皮裘和絲綢掛在高竿上，
炫耀他們的財富。
阮咸為了向他們示威，
把自己的粗布短褲掛到高竿上，

以粗布短褲對抗皮裘絲綢。

阮咸同樣身穿寬鬆的衫子，頭包巾子，赤腳。

4

潮流推手

生活藝術家

歷史長河中不乏
時尚達人，
他們的態度、
喜好和情趣，
都被視為潮流
而加以模仿，
留存佳話，
其影響力
比起當今達人，
有過之而
無不及。

齊桓公

紫袍

以一己之愛改變對紫色的觀念

中國人喜愛紫色，認為紫色代表大富大貴，
紫色不只受平民百姓喜愛，更受皇家賞識，
帝王居住的地方皆以紫色為名，長安有紫宸殿，北京有紫禁城。
其實有這個現象需要感謝戰國時期的齊桓公，他改變了中國人對紫色的觀念。
在古代，色彩有正色、間色之分，紫色並不是正色，不能登大雅之堂，
卑微的紫色只能做內衣和襯裡，但地位崇高的齊桓公不理禮教的約束，
偏偏喜歡穿紫袍，當他穿了紫袍後，不但沒受批評，
臣民更爭相效仿，連其他小國的人民也穿上紫色衣服，
一時間把齊國的紫色絲綢價格提升十倍以上，
紫色就這樣在人民的觀念裡起了變化，日後甚至提升為無比神聖的極色。
齊桓公以一己之愛，改變人民對紫色的觀念，
紫色從低微之色提升成為尊貴的極色，
在歷史長河中只此一人。

獨孤信

側帽

側帽風流

公元五〇二年，獨孤信出生在北魏一個小鮮卑部落，
原名獨孤如願，他是一名大帥哥，
人長得一表人才，精於騎射，
軍中眾人稱他為獨孤郎，他非常自戀，
特別講究修飾打扮，又喜歡耍帥。
有一次到郊外打獵，等到晚霞滿天，
策馬回城，迎風急馳，帽子無意中偏到一邊，
第二天起來一看，
滿城人都側戴帽子，
效仿這個帥呆子的新造型，
獨孤信的側帽潮流從此留存佳話。
獨孤信由年輕帥到老，
終年五十五歲。

蘇東坡

東坡巾

冠名之最

宋代蘇東坡是生活藝術家、時尚達人，
他的生活態度、情趣、喜好，都被視為時尚而加以模仿，
以他名字所冠名的穿著和美食十分之多，
東坡巾、東坡肉、東坡餅、東坡魚、東坡壺等樣樣流行。
凡與蘇東坡有關的一事一物，都變成眾人收藏，
他的影響力之大，相對時下的時尚達人，有過之而無不及。
至於蘇東坡戴的東坡巾，名氣更是非比尋常，士大夫們都爭相效仿，
東坡巾又名子瞻帽，筒高檐短，帽子由堅挺的烏紗製成，
內外兩層，內層高外層低，外層疊出四角，
其中正對兩眉中心的一角分開，
東坡巾直到明代仍然在士大夫中盛行，
只是將高度降低，並在腦後加上一塊紗帛，隨風飄動，
現今雖沒有人戴東坡巾，但其實它並沒有真正消失，
只是借屍還魂成為裝修工人的折紙帽而已。

東坡巾

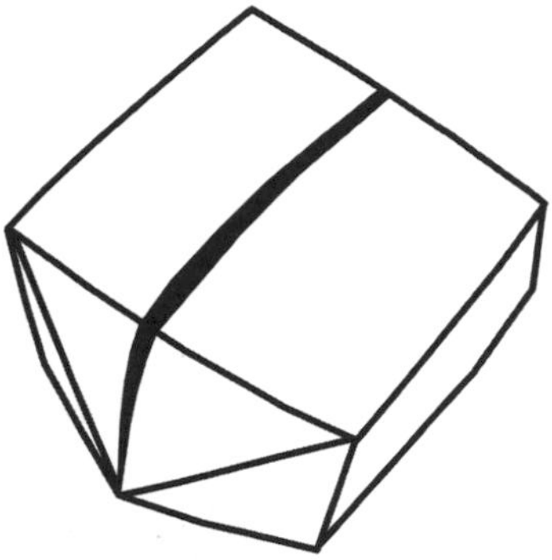

折紙帽

諸葛亮

羽扇

諸葛亮與羽扇

頭戴綸巾，手持羽扇，指點江山，
這就是諸葛亮的形象。
歷史上以一件飾物來塑造一個人的形象，並不是沒有，
但好像諸葛亮般家傳戶曉，則少之又少。
諸葛亮的羽扇綸巾形象太特別了，以至人們很少懷疑過，
蘇東坡在〈念奴嬌・赤壁懷古〉中寫的羽扇綸巾，指的是周瑜。
羽扇綸巾得以成為諸葛亮的專有形象，
有賴元代《三國志平話》的廣泛流傳和元雜劇中的三國戲，
加上後來明代羅貫中的《三國演義》對諸葛亮的描述，
和王圻在《三才圖會》對諸葛亮的描畫，並把綸巾命名為諸葛巾，
諸葛亮的羽扇綸巾形象塑造就徹底完成了。

文人與折扇

自從諸葛亮的羽扇綸巾形象深入民心，
扇便成為文人士大夫身上不可缺少的飾物，
千古風流，入型入格，同時扇亦作為傳達心聲和互相饋贈的禮物。
北宋以前中國只有羽扇和團扇，
折扇是作為貢品從日本和高麗傳入中國的。
折扇在中國廣泛流行於明朝，當時大量日本折扇進口中國，
才得以在民間流行，成為文人的時尚必備玩意。
日本折扇原是上朝用的小冊子，原型來自中國的簡牘，
一片片的簡牘被日本人在底端加上結繩，成為扇狀，
並在上面貼上紙——紙技術自唐代傳入日本。
折扇傳入中國後又被中國加以改良，
把原先單面貼紙改為雙面貼紙，並將貼骨改為插骨，
並增加了骨的數量，由原先五至八根增加到十四根。

溥儀眼鏡

圓框眼鏡

溥儀喜歡新事物，特別是穿著方面，
他總是走在別人的前面，就算到國家危難的時候，
也沒有影響他的打扮心情，又或者他以打扮外表來忘卻煩惱。
他喜歡的時尚眾多，懷錶、戒指、領帶都是他的所愛，
但這些都不及他剪辮與戴眼鏡的舉動，不但轟動紫禁城，
更成為歐洲傳媒炒作焦點，並加以讚賞。
戴圓框眼鏡不只溥儀一人，
但溥儀就有能力把圓框眼鏡戴出名堂，
日後圓框眼鏡就成了溥儀的個人標記，一百年過去了，
溥儀的圓框眼鏡潮流仍在，
而且還有眼鏡公司以其名字做生招牌，
可見他的時尚魅力還是遠遠超出他作為偽滿洲國傀儡的負面形象，
潮流就是這樣的令人費解。

5

時裝精

雍正的角色扮演

滿清皇帝雍正很喜歡角色扮演，
他在《雍正行樂圖》中穿上不同的造型，
如同拍一輯個人寫真集，
他不停換衣服，更換髮型，
投入地擺出各樣姿態讓畫師繪畫。
他會扮成歐洲貴族去上山打老虎，
扮成手執弓箭的波斯武士，
或與黑猿玩耍的突厥王子，
又或是召喚神龍的道教法師，
或坐在河濱做白日夢的漁夫，
但雍正最喜歡的裝扮還是漢族文人，
雍正自戀與臭美的程度，
可算是歷代皇帝第一人，
無人能及。

歐洲貴族

道教法師

文人

漁夫

突厥王子

僧人

6

萬人迷

衛玠
潘安

呂布
韓子高
子都

五大美男

潘安

名氣最大　回頭率最高

西晉河南人，小名檀奴，
後世文學中慣稱帥哥為檀郎源於此。
潘安姿容既好，
神情亦佳，
潘安不僅長了一張錦繡皮囊，
還寫得一手好文章，
走在街上回頭率甚高，
大批粉絲跟著他走。
可惜潘安功名心太重，不知滿足，
學會趨炎附勢，落得惡名，
一代翩翩公子最後鬢髮花白，
終落得身首分離。

呂布

絕代佳人 肌肉男

三國第一美男，呂布身材高大，
身高一米九，相貌英俊，武藝高強，
非常自戀，喜愛華麗衣著，
整天頂著金冠，身披獸面鎧甲，
腰勒獅蠻寶帶，威風凜凜，
稱得上絕代佳人，非常完美，
讓人盲目溺愛。
任何人都想得到呂布，
劉備也是，曹操也是，
但呂布為人勢利多變，
不講仁義，有勇無謀，
三國第一美男最終被曹操所殺，「紅顏」薄命。

衛玠

白玉雕的肌膚

《晉書》用明珠和玉潤來形容衛玠的美，
衛玠為人喜怒不表於形，總是面無表情，
遠遠望去恰似白玉雕成的塑像。
這玉人口才特別了得，是清談高手，
有次出行，粉絲擠得人山人海，
就是為了來看衛玠的風采，
害得舉步艱難，一連幾天無法好好休息，
這個體質孱弱的美少年，終累病了，
而且一病而亡，是被看死的。
衛玠一生在文武都沒有特別貢獻，
但《晉書》居然有傳記，
而且反覆強調衛玠的俊美和口才，
可見衛玠在當時的影響力，非比尋常。

韓子高

花樣少年

史料記載他容貌艷麗，
兩臂修長，形體俊美，
肌膚誘人，十六歲時容貌美麗如婦人，
誰在戰爭中一旦見到韓子高，
都會拋掉手中兵器，捨不得傷害他一根毛髮。
他出身寒苦，不驕不躁，有才有德，
令人癡迷，但更美是子高的心靈，
雖然很多人都暗戀他，
但子高卻獨對同樣英俊的陳文帝全心全意，
同食共寢，日夜不離。
陳文帝死後，子高被冤獄賜死，年僅三十歲，
子高與陳文帝的一段可歌可泣同性愛，被後世傳為佳話。

子都

帥名天下

孟子曰：「至於子都，
天下莫不知其姣也，
不知子都之姣者，
無目者也。」
連孟子都說不知子都的美貌，
簡直是盲的一樣。
這個帥名天下的子都是春秋鄭國人，
不僅相貌生得美，
還有一身好武藝，
可是心胸狹窄，
缺乏大丈夫的英雄氣概。

7

服妖

亡國之兆

在中國傳統觀念中，
衣冠關係到人倫風俗，
甚至國家興亡，
因此設置種種條條框框加以限制，
不能逾越。
但所謂物極必反，
限制得越厲害，
反彈得越激烈，
人們對服飾求新求異就會成為一種必然，
不會被一紙禁令所嚇到。

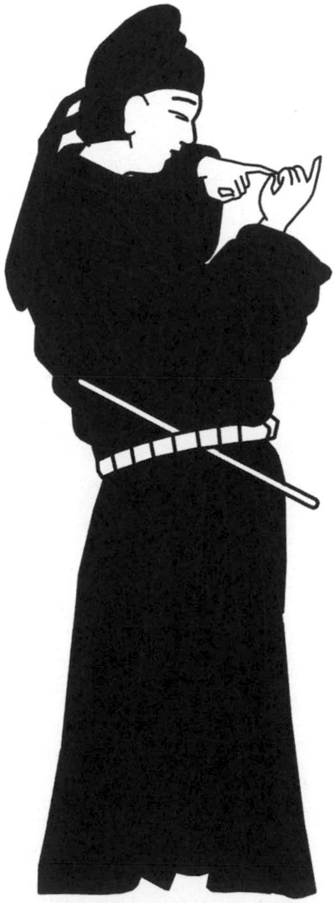

古代中國將奇裝異服視為不正之服，
奇裝異服稱為服妖。
服妖的出現被視為國家政治興衰的徵兆，
服飾附加上倫理功能，增加了人們對服飾的敬畏態度。
《禮記》記載：「作淫聲，異服，奇技，
奇器以疑眾，殺。」
服妖在古代輕則被人指指點點，
重則坐牢，甚至殺頭，
雖然各朝代都有嚴謹的服制規範，
但都阻不了被認為傷風敗俗的服妖喜好者。
服妖喜好者特立獨行，
散發出不一樣的時尚魅力，
但在一個以穩定為價值取向的文明古國，
任何個性化的創造都要付出巨大的代價。

服妖 李夢符

唐朝末年，
生得潔白秀美的李夢符，
經常打扮得招搖過市，
一年四季都插滿了花，
常常在城中酒館喝酒。
他的打扮惹怒了官府，
李夢符被看作狂妄惑眾，
因「服妖」之名而入獄，
他在獄中感歎作詩：
「插花飲酒無妨事，
樵唱漁歌不礙時。」

8

怪癖

特立獨行

一方面，
我們怕作為一個特立獨行的人，
而要付出沉重代價；
另一方面，
我們卻羨慕他們敢愛敢恨，
散發出的人格魅力，
為後人所談論和歌頌。

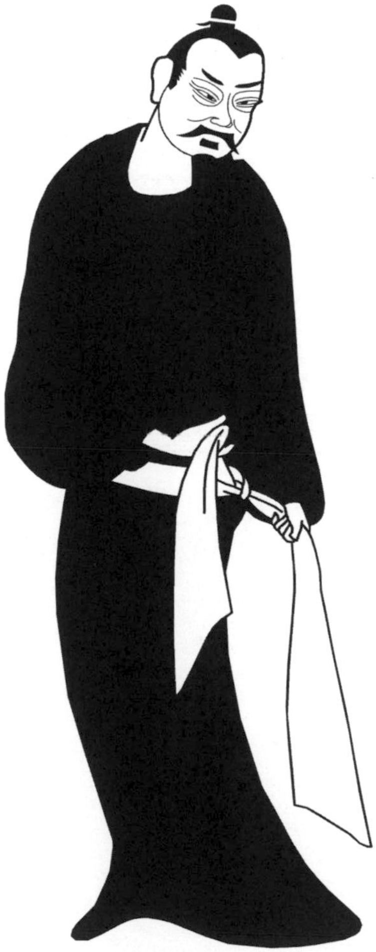

倪瓚

香薰控

元代偉大畫家倪瓚，
出生於江蘇無錫梅里村，
他家境富有，長大後好潔成癖，
每件衣服都要用名貴香料蘭烏香薰過後才穿，
走過的地方都是香噴噴的，名副其實的香薰控，
就連屋前種的樹也要經常刷洗，
最後樹木因水澇而死。
倪瓚生性怪癖卻受人尊敬，全因他的藝術境界，
人們看他畫的竹子似茅草，
他卻不以為意，倪瓚說我喜愛畫竹子，
為的是抒發內心感情，哪會去計較似與非似，
倪瓚型就型在他畫的是他心中的竹子，
而不是自然界的竹子。

劉伶

裸體

在儒家禮教下，文人士大夫裸體需要勇氣，
要豁出去，不是一件容易的事，
文人士大夫裸體是對官場黑暗的不滿。
西晉劉伶喝酒後最愛裸體，
李白也愛裸，裸得最天人合一，
他寫道：「懶搖白羽扇，裸體青林中，脱巾掛石壁，露頂灑松風。」
阮籍喝酒後也喜歡裸體，史書記載他露頭散髮，裸袒箕踞，
箕踞就是兩膝微曲，兩腳伸開，這是一種特別傲慢的坐姿，
阮籍還時常舉辦裸體活動，一起裸體飲酒。
三國禰衡利用自己裸體作為武器，裸體擊鼓罵曹，
破壞衣冠楚楚的漢文明，讓對方難堪。

天地是我的屋子
屋子是我的褲子
你怎麼跑到我褲襠裡

朱元璋

容貌之謎

朱元璋有個殘酷的怪癖，就是容不得畫師把他的真實容貌畫出來，誰把他的真實容貌畫出來，必殺之。

明史記載朱元璋姿貌雄偉，奇骨貫頂，這樣看來朱元璋應是一副奇特古怪、長相不雅的容貌，留存後世的兩張朱元璋容貌，一俊一醜，分別很大，判若兩人，一張保存在北京故宮博物館，另一張在南京明孝陵的享殿內。

史料記載第一個畫師如實地畫出朱元璋的黑黑大臉，隆起的額頭和太陽穴，大鼻子，粗眉毛，寬闊下巴，一對眼睛鼓鼓的，朱元璋看後大怒，畫師被斬。

第二個畫師畫得更用心，但同樣被斬首了。

第三個畫師很聰明，他悟出前兩位畫師被斬的道理，他只描畫臉形輪廓有些像，但卻畫得滿臉和氣，慈祥仁愛，朱元璋看後大悅，獎賞畫師。

9

男體

身體髮膚

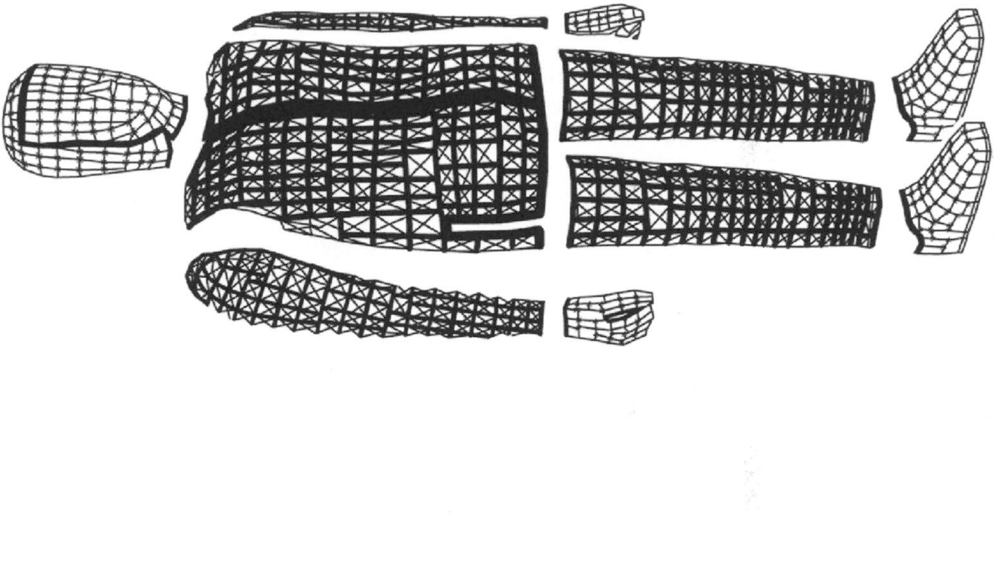

髮

長髮是男子漢

中國男人很長時間都是長髮披肩的，
與現代人認為男人留長髮是女性化的表現，觀念上有很大的差別。
漢族人的頭髮一直被當作生命與榮譽，異常珍惜，
漢族人認為身體髮膚，受之父母，決不輕易動刀修剪。
在漢族文化中割髮是對犯人的處罰，
或有過失的人才以割髮謝罪，此外就是出家人了。
少數民族對頭髮的看法則不同，很多少數民族都剃髮，剃髮又稱髡髮，
髡髮與現今的龐克頭很相似，很有性格，
如契丹族喜將頭頂頭髮全剃光，於兩鬢和前額留少許作裝飾，
女真族則喜剃頭頂髮，只留顱後髮，以絲繩辮髮垂在肩。
漢族男人留長髮的習慣到滿清入關開始改變，
滿清政府強令執行剃髮垂辮，漢族男子才無奈跟從，
直至清朝滅亡，漢族男子都剪掉大辮子，
自此中國男人的髮型融入世界潮流去。

披髮

先民最早是披頭散髮的，式樣有兩種：
一是自然垂下，披髮於臉；
另一種是為了不會擋住視線，特意把前額的頭髮剪短，
其他部分仍然留長自然垂下。

髮髻

進入文明社會後，為了方便勞作和狩獵，
先民懂得把頭髮束成髮髻，髮髻就是把頭髮梳結於頂，
盤結成髻，用布帶或簪子固定在頭頂上，
髻大而低為平民，高而尖者為貴族。

辮髮

束髮除了髮髻外，還有辮髮，辮髮是將頭髮分成數縷，相互交錯編成的辮子。
商代男子將髮盤於頭頂，編成一條辮子，垂於腦後。
秦代兵馬俑出土，令我們了解當時的辮髮是如此華麗。
秦以後漢族以髮髻為主，很少辮髮，
只有北方少數民族如女真族和清代的剃頭留大辮子髮式。

髡髮

髡髮是剃髮，剃髮可免騎射時散髮遮擋視線，是北方少數民族特有的髮式，
如契丹族男子喜歡將頭頂部分的頭髮全部剃光，
只有兩鬢和前額留少許頭髮，也有在額前蓄留一排短髮。
女真族也是尚髡髮，男子把頭頂頭髮剃光，但會將兩旁垂下的頭髮作辮髮，
而滿清也剃髮垂辮，後腦的辮子是行軍宿營時的枕頭。

彝族天菩薩

遊牧民族髡髮

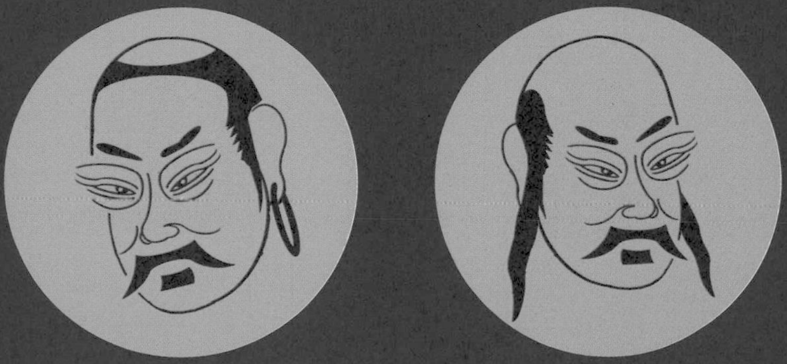

秦俑辮髮

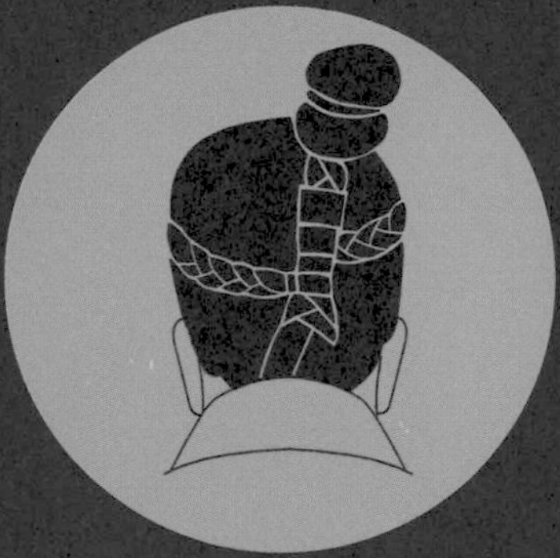

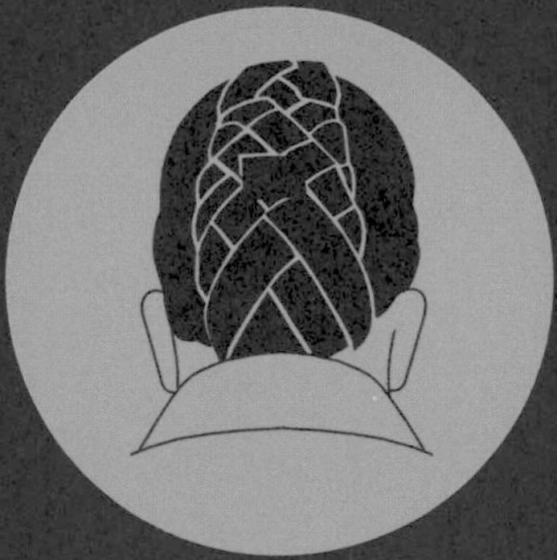

簪花

丫角髻

鬚

鬍鬚是古代美男子的標準之一，
因此男人都對鬍鬚非常講究。
各部位的鬍鬚都有專屬名稱，
臉頰兩邊的稱為髯，面頰兩側與髮相連為鬢，
嘴上的稱為髭，下巴的稱為鬚，
不像現今鬚、髭、髯和鬢都總稱為鬍鬚。
還有不同朝代流行不同的鬍鬚，
戰國時期流行仁丹八字鬍鬚，唇上兩撇的兩端向上翹起，
漢代則流行長長左右兩撇，
魏晉南北朝流行長鬚，
隋代纏鬚成為時尚，
明代之後鬚才向下拖，
清代甚至會依據身分把鬍鬚梳成不同的辮子。

美髯公與一字鬍

關公原名關羽，人人稱讚他為美髯公，美髯公長得高大，紅棗臉，
臥蠶眉，丹鳳眼，非常威嚴，所以人們常說關公不睜眼，睜眼要殺人。
不過論名氣還是他的鬍子脫穎而出，關公的鬍子形象太特別了，
很難想像沒有鬍子的關公是怎樣的。
關公原是三國蜀將，和劉備、張飛桃園三結義，
關公死後被神化，過程戲劇性，
從武將到厲鬼，然後是護法神，最終化身為財神，現在黑白兩道都拜他，
於是一尊尊手執鬍子的關公雕像，便成了可拯救人民於水深火熱的忠義英雄。
除了關公外，魯迅的一字鬍也很出名，一字鬍不是天生的，
一字鬍原本是上翹的，上翹的鬍子被罵像日本人，
魯迅爭辯上翹鬍子才是漢族傳統，下垂鬍子是蒙古人的，
但沒有人理會他的話，後來魯迅知道他的鬍子問題全在兩尖端上，
便把鬍子兩尖端剪去，最後成了一字鬍。

菩薩鬍鬚

菩薩從印度傳入中國，
印度菩薩原先是
長有鬍鬚的，
傳入中國後，
中國人並不接受，
中國人更需要一個
看上去慈祥一些的菩薩，
首先菩薩的鬍鬚被去掉，
然後換上漢服，
身軀也開始發生變化，
整個姿態由男性化
慢慢變得中性化。

肚子

將軍肚

古代中國男人對腰的審美標準和現代可不一樣，現代人講求腰越細越好，
腰部還要平直，追求的是王字腹肌，
可知道王字腹肌在古代中國絕對沒有市場，
中國文化以羊大為美，肥大視為一種福氣，
所以我們都尊稱胖胖的肚子為將軍肚。
事實我們所見到被供奉的將軍雕像都是頂著一個大肚子的，
連兵馬俑出土的士兵都是腹部微微凸起的。
相傳士兵上戰場前都以喝酒壯膽，所以都有肚子。
相對西方男人拚命穿上腰封，把腰拉得細又細才叫美，中國男人就幸福得多。
看看彌勒佛就知道了，身材苗條的印度彌勒佛，
來到中國卻變為大腹便便的大肚佛。

西方好束腰

中國愛肚子

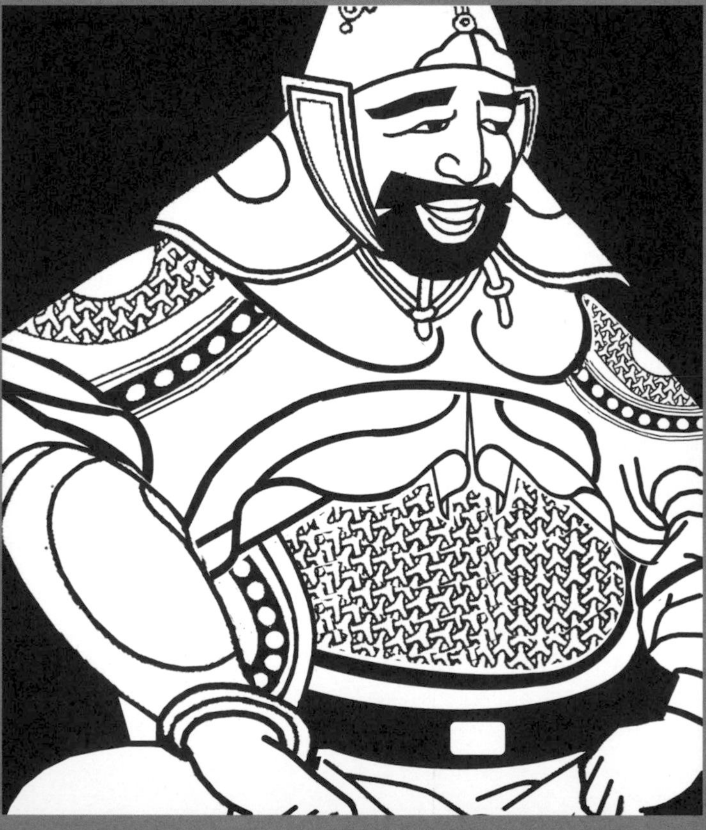

彌勒佛

彌勒佛在中國家傳戶曉，很受歡迎，
來自印度，
是主持未來的佛。
彌勒佛原本是一個面容姣好、
身材修長的佛，
來到中國後造型有了很大的變化，
變為一個開懷大笑，
頂著大肚子的財神佛，
這種變化和中國人民對現實感到無奈，
希望寄託未來有極大關係，
笑口常開的大肚彌勒佛，
對中國人來說更有親和力。

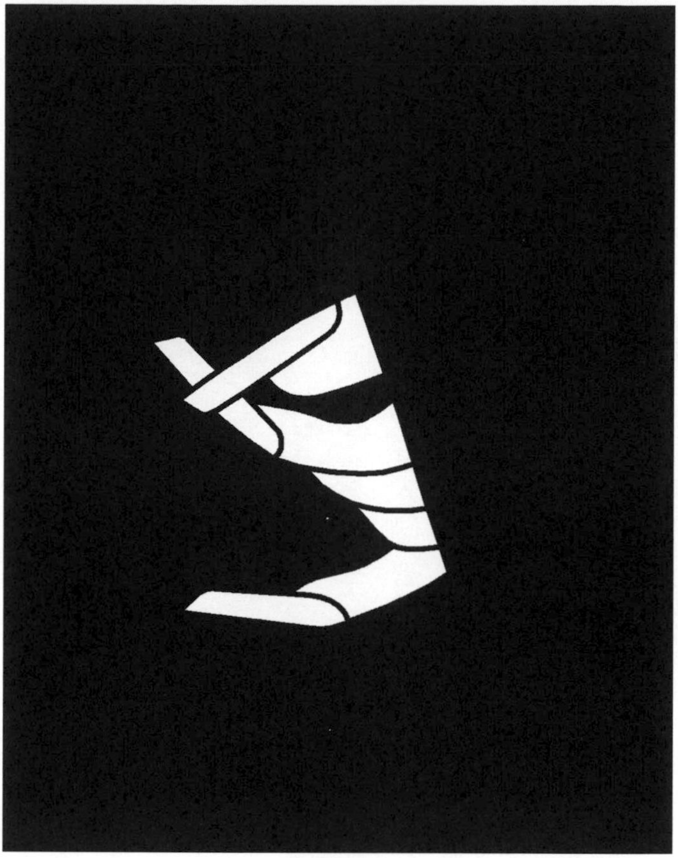

美甲的男人

有錢人

現代男人注重美甲，但又覺得美甲不像男人，其實美甲是中國男性傳統的一部分。

富貴人家都把指甲留得很長，精心打理，

只有勞動者才不會留長指甲，因為長指甲不方便勞動生產，

所以長指甲代表榮華富貴，生活無憂。

現在我們還可以在很多留下來的祖先畫像，看到留長指甲的形象，

男人留長指甲一直流行到民國為止。

近代男人也有留長指甲，不同的是近代男人多只留尾指。

有一個因留長指甲而差點送掉性命的真人真事：

明代有一個男人指甲留長達一尺，被朱元璋看到，

朱元璋討厭留長指甲的人，認為他們都是遊手好閒的人，

欲加此人死刑，幸有人勸諫說，此人雖不勤業，

但也沒做惡事，才得以赦免。

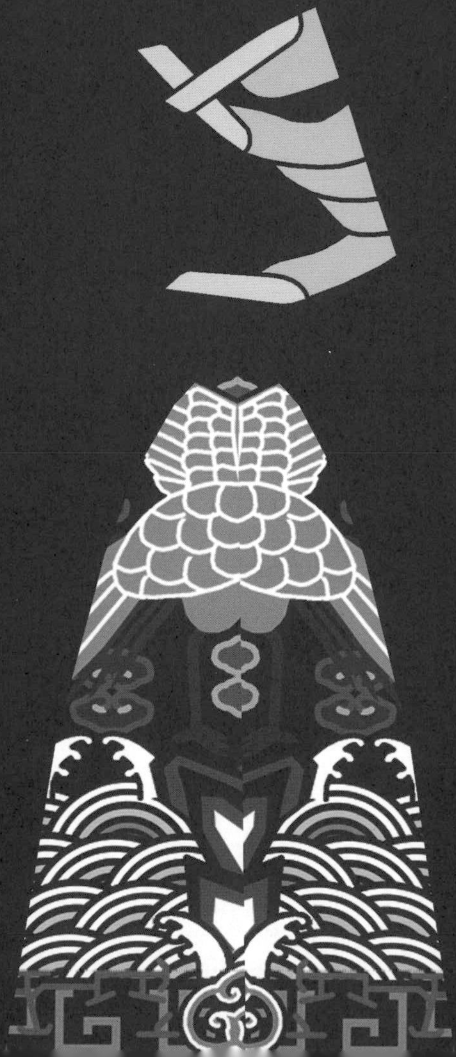

10

朝聖

時尚之都

長安

長安就是現在的西安，長安男子十分崇洋，
流行穿胡服，胡服就是洋服。
他們非常講究外表，身刺紋身，
口塗唇膏，以香薰衣，還頭插鮮花，
愛美程度比當今更甚。
唐朝鼎盛時人口達五千多萬，
當時歐洲最大國家人口也不到三百萬，
可見長安是一個名副其實的國際大都會、時尚之都，
吸引來自世界各地的人，
如羅馬人、波斯人、日本人、西域人、突厥人等。
當時來長安的留學生很多，
長安街上聚集不同穿著的人，不同造型互相混搭，
就像時裝表演，非常熱鬧，
追逐時尚的風氣不亞於當今巴黎和紐約。

紋身

唐代紋身風行一時，當時已有專用美容師進行刺青工作，稱為箚工，
先用針將圖案刺在皮膚上，再塗上石墨。
唐朝刺青有一特點，就是與詩歌有關，十分詩意，
有一名叫葛清的街卒，瘋狂喜愛白居易的詩，
他自頸以下全身刺上白居易的詩，
還配上插圖，非常另類詩意，
人戲稱他為白舍人行圖詩，他卻沾沾自喜。
紋身在中國古代早有記載，
早期用在罪犯上，代表一種恥辱，
燙上侮辱性的記號在額頭或臉部，終生不能除掉，
後來社會不斷發展，紋身已不再有侮辱的含意，
而純粹演變為一種審美情趣。

化妝

唐朝貴族男子日常使用面膜、
唇膏、化妝品是平常事。
他們洗完頭，
都要兩個婢女捧著頭髮梳理，
他們洗臉用自製的洗面乳，
把芹菜搗成泥，
敷在臉上做面膜，
事後整塊臉明亮濕潤，
毫無皺紋。

香薰衣

唐代以前，
香料從西域作為貢品傳入，
所以非常珍貴。
唐朝男人很喜歡香薰，
是名副其實的香薰控，
每件衣服都要用
名貴香料薰過多次後才穿，
穿在身上，
香隨人行，
走過的地方
都是香噴噴的。

簪花

唐朝男子簪花
相當流行，
特別每年春夏天郊遊季節，
男子喜歡把
鮮花或用絲帛做的假花，
插在頭或冠帽上。
唐朝不只百姓喜歡簪花，
貴族王爺們都喜歡，
連皇帝唐玄宗
也喜歡簪花，
真是全城男子皆簪花。

朝聖

追星

唐代追星的瘋狂，
一點也不亞於今天。
一名叫魏萬的粉絲，
為了一睹李白的風采，
歷時半年，跋涉三千里，
最終得以相見，
當下激動得淚流滿面，語無倫次。
這未算瘋狂，詩人張籍是杜甫的粉絲，
他崇拜杜甫詩歌才華，
焚燒了一冊杜甫的詩，
加入膏蜜，每餐必飲，
希望喝下杜甫的詩，
能有杜甫的才華。

朝聖

11

尋找完美男人

怎樣的年代
就有怎樣的男人

中國男人走了一條奇怪的路，
氣質好像一代不如一代，
漢以前男人挺好的，文武雙全，
健碩剛猛，很有男人味，
很符合完美男人的標準。
魏晉時期男人雖然狂傲，但人格高尚，令人仰慕，
是另類完美男人，仍然不錯。
唐宋開始便有問題，很多男人都變成文弱書生，
能文不能武，肩不能挑，手不能提。
明清男人更不用說，憂柔寡斷，膽小怕事，
多愁善感，甚至有點脂粉氣。
民初男人更慘，被外國人貶稱為東亞病夫。
今天中國經濟崛起，男人都變成大款，
講氣派，穿名牌，財大氣粗，什麼都不缺，獨欠氣質。

漢以前

漢以前男人大多文武雙全，健碩剛猛，他們濃眉大眼，虎膽雄姿，
粗獷豪放，而且刀槍劍戟，樣樣精通，滿腔熱血，馳騁沙場，保衛家國。
他們被表揚為男子漢、大丈夫、真英雄，荊軻、秦始皇都是表表者。
然而英雄千萬個，霸王只一人，他就是西楚霸王項羽，項羽武勇的形象，
千古流傳，所向披靡，未嘗敗北，可惜最終還是失敗收場，死在烏江邊。
項羽從三千子弟兵起家，到後來號稱百萬大軍，
但是命運弄人，被圍困在垓下，四面楚歌，
最後被五千漢軍迫得只剩二十八騎，
廝殺過後，雖有脫身的機會，但不願愧對江東父老，苟且偷生，
寧願人頭送給故人，自刎而死，這是王者氣概的表現，
將死亡提升到終極輝煌的層次，寧死也不能被別人剝奪自己的尊嚴，
這就是漢以前男人氣勢磅礴的氣質。

文武雙全

魏晉南北朝

魏晉時期，時代動亂，儒學衰落，
魏晉名士開創了一種新的生活態度，
一種不同於任何歷史時期的生活態度，
它不僅體現在穿著和言談舉止上，
也體現在人生觀和世界觀上。
他們傾向清談以逃避現實，越名教而任自然，
在生活上不拘禮法、清靜無為，聚在竹林喝酒、縱歌，
他們唯美、浪漫、解放、瘋狂、智慧、悲壯，
魏晉名士帶有空靈神妙和仙風道骨的氣質，
雖然狂傲，但人格高尚，令人仰慕，是另類理想型男，
在歷史上留下不可替代的人格魅力和盪氣迴腸的生命色彩。

秀骨清相

唐宋以後

唐宋開始男人形象變得文質彬彬，溫柔敦厚，
他們能文不能武，外表瘦削，肩不能挑，手不能提。
到了明清他們的長相更女性化，
唇紅齒白，皮光肉滑，沒有鬍鬚，陰聲怪氣，
腰似楊柳，軟弱無力，甚至有點脂粉氣。
他們文雅腔調，出口成章，
可惜優柔寡斷，多愁善感，膽小怕事，我見猶憐。
但是他們卻人見人愛，顛倒眾生，
形象還深深影響到後來文學和戲曲的創作，
《梁祝》的梁山伯，《白蛇傳》的許仙，《西廂記》的張生都是這種形象，
其中《紅樓夢》的賈寶玉更是文弱書生中的極品，最女性化的男人，
散發著脂粉氣、孱弱書生的氣質。

清末民初

清末民初時期，外國人貶稱中國男人為東亞病夫，
東亞病夫一詞來自一位駐上海的英國作者，
他形容當時的華人頭蓄長辮，身穿長袍馬褂，不講衛生，身體瘦弱且吸食鴉片，
加上在德國柏林奧運會的比賽上，一百四十多人的中國代表團全軍覆沒，
中國運動員在回國途經新加坡時，當地報刊發表了一幅諷刺中國人的漫畫，
題為東亞病夫，從那時開始，東亞病夫就成了外國人對中國男人的貶稱。
還有東亞病夫一詞也曾經出現在李小龍的《精武門》電影中，
電影中李小龍飾演陳真，日本人派人來公祭霍元甲，送上東亞病夫牌匾，
陳真不甘侮辱，獨自將橫額送回，以一敵百，用雙節棍打敗日本人，
並在公園內凌空踢碎「華人與狗不得入內」的告示牌，大快人心，
直至一九八四年美國洛杉磯舉行的奧運會，
中國射擊選手許海峰摘下第一金後，東亞病夫的稱號才正式消失。

刑男

宅男

美男

肌肉男

花樣男

俊男

肌肉男

型男

賤男

宅男

花樣男

美男

今時今日

在浮躁的當代社會裡，
傳統道德價值崩潰，
錢成了衡量價值的唯一標準，
名牌作為顯露財富的標誌，
成為當代人的信仰，
滿身名牌的大款講氣派，花錢豪爽，財大氣粗。
大款希望擁有名牌來證明自己的地位和身分，
雖然一身名牌，
卻遮掩不了他們的不自信和不文明，
他們喜歡在公共場合蹲著，大聲說話，
隨地吐痰，因此名牌沒有讓他們的身分飆升，
反而是顯露了他們滿身的財氣和俗氣。

還有大款喝酒總是乾啊乾啊，
要把別人乾倒才滿足，
相對古時的曲水流觴，
大款顯得多俗氣。
古人喝酒相聚在水邊，
把羽觴酒杯放入水裡，
酒杯沿著彎曲的水道任其漂流，
流經誰那兒停住，
誰就要作詩，作不出來就要罰酒，
這就是著名的蘭亭聚會，
比今天的大款有型得多。
當代大款並不是缺少風度，他們穿名牌，
健身，打高爾夫，
可以是風度翩翩，

他們缺少的是氣質，
因為他們的人生觀和價值觀出了問題。
風度不同氣質，風度與言談話語，
衣著打扮、行為舉止有關，
所以風度是有法之美，每個人都可以學習的；
氣質與態度、人生觀、價值觀有關，
有氣質的人是出世的、感性的，
令人又愛又恨，
所以氣質是無法之美，
只能意會，卻學不來的，
因此價值觀出了問題的大款，
最多只能成為風度翩翩的男人，
卻不能成為有氣質有魅力的型男。

大家

附錄一　中西型男面對面

周

周代的服裝是上衣下裳，上身是窄袖短衣，下身是及膝圍裳，常服以簡單為主，方便活動為目的。禮服則不同，顏色、紋樣、佩飾都有明確規定，祭祀時要頭戴冕冠，身披冕服，冕服繪繡十二章紋，顏色也有正間色之分，上衣用正色，下裳用間色，並在腹下繫一塊上窄下寬的蔽膝，這套強調尊卑有別的服制奠定了中國服裝的基礎。

古埃及

古埃及天氣炎熱，男子無論身分高低，上身都赤裸，下身用亞麻布做的圍裙包纏，圍裙長短不一，最短的僅可蓋過臀部。後來圍裙有了褶皺的裝飾，並裁剪得棱角分明，而且經過漿洗使褶皺筆挺，增加了立體感，並在身體腰前形成一個三角形，非常華麗，由於當時的亞麻布染色難，所以圍裙多為白色。古埃及男子很臭美，他們剃光頭，戴假髮，灑香水，塗橙色胭脂，並勾出粗黑的眼線。

春秋戰國　春秋戰國時期流行一種全新款式，名為深衣，不再是上衣下裳分開裁剪，而是上下相連。深衣意思就是將身體深藏，特點是續衽鉤邊，續衽就是把衣襟加長裁剪成三角形，穿著時繞至背後並用腰帶紮緊；鉤邊就是在領、袖、襟和裾的邊緣都鑲了一道厚實的錦邊。深衣可算是儒家思想在服裝上的極端體現，容不得絲毫的肌膚顯露，因為顯露身體被認為是無禮。

古希臘　愛琴海文明的男子天性酷愛體育，常鍛鍊體魄，所以肌肉發達，比例勻稱，特別強壯。這時期男子在公眾場所裸體是平常事，裸體被認為是力與美的表現，因此這時期的奧林匹克運動會，運動員都是全裸比賽的。除裸體外古希臘男子還會穿短裙和整塊布做成的披身外衣，不論短裙或披身外衣，其審美情趣同樣是展示力與美。古希臘男子非常注重妝容，喜愛化妝，噴香水，修飾髫鬚，還有把頭髮燙成波浪卷。

漢　漢代提倡復古周禮，進一步發展周禮的冠冕制度，比周代更為繁雜，並以冠定服，因此冠帽在漢代成為區分等級的重要標誌。此時期深衣慢慢退出舞台，袍開始流行。絲綢之路開通加速經濟繁榮，絲織業發達，服裝發展因而轉向面料，金銀錯鏤的絲綢，多彩的印染紋樣，穿著開始由簡約轉向奢華，加上金玉並用的佩飾和繁雜的冠帽，使得漢代服裝整體給人感覺是威武有餘，瀟灑不足。

古羅馬　托加長袍是古羅馬時期最有代表性的服裝，呈半圓形，長度為身高三倍，寬度為二倍。托加的包纏簡單但巧妙，先將三分之一的布留在前身，其餘部分從胸前向左肩披過，繞過背後至右腋下，再經過胸前回到左肩並將餘下部分向背後垂下，完成後整個右臂是可自由活動的。托加一般是羊毛製成，所以褶皺十分沉重，顯得莊重高雅。不同的人穿托加，有不同的效果，因為體形和包纏的些微變化，形成的立體造型人人不同。托加雖然把身體重重包裹，但實際很容易從身上脫落，在那包裹與脫落之間，托加顯得特別有個性。

魏晉 魏晉時期戰亂頻繁，南北民族服裝大融合，國家分裂，民不聊生，名士們處於痛苦之中。他們主張越名教，任自然，竹林七賢就是這方面的代表人物，他們的服裝闊袍大袖，袒胸露體，這種別具一格的服裝叫衫，衣袖寬鬆，衣料輕薄，無袖袪，前中用帶繫縛，沒有襯裡的單衣。從魏晉開始，從某種意義說，傳統漢民族服裝不再純正，華夏服裝革命性地改變了，走進歷史的新一頁。

拜占庭 隨著基督教文化的展開及提倡禁慾主義，穿著變得端莊正派，服裝把身體緊緊包裹，目的是要淡化性別，因此產生了一種呆板的T形服裝。T形服裝裁剪雖然單調，但面料卻出奇地華麗，原因是當時深受東方文化影響，服裝色彩變得亮麗，而且鑲有珍珠刺繡，非常引人注目，使得原本呆板的裁剪與奢華的面料形成一個很大的反差。諷刺的是在那充滿華麗刺繡和寶石珍珠的絲質外袍下，卻是一個個被宗教壓迫的身體。

隋唐　當西方走進文化黑暗的中世紀時期，中國卻迎來一個思想開放，氣勢恢弘的盛世，隋唐服裝廣收胡服特色，為後世的衣冠服飾開創新方向。隋唐之前，官服都是利用圖案和佩飾來區分，此時改用顏色來區分等級，又大膽開創使用間色，把紫色奉為上品服色，深深影響後代對顏色的觀念。隋唐男子的穿著帶有濃厚胡服色彩，頭戴幞頭，身穿圓領袍衫就是唐代男子的流行形象。

中世紀前期　北方日耳曼人攻打羅馬時，同時把他們的北方緊身服裝帶到了南方，為西方服裝發展開拓了新道路。日耳曼衣服普遍合體和短小，男子上身穿緊身衣和斗篷，斗篷有圓形、三角形和長方形，用別針固定在肩上，下身穿褲和裹腿布，褲管很窄，就像緊身褲一樣，這種強調下肢線條的緊身褲，影響後來男裝褲向襪褲型的方向發展。

宋　宋代在程朱理學的思想下，主張存天理滅人欲，服裝失去了唐代的大氣和活潑，轉為保守和淡雅，服制規定顏色必須淡素，面料嚴禁奢華。宋代雖說維護漢族服制傳統，其實是沿襲唐代的圓領袍衫而已，只不過袖口變得特別闊大，宋代的首服幞頭很特別，因為幞頭已經完全脫離了原先的巾帕形成，變成一種帽子，幞頭的腳最長可達一丈，非常誇張。整體來說，宋代服裝在形制上失去了唐代的革命精神，相反倒退回早期的封建社會。

中世紀後期　中世紀後期有一種分色服，左右不同色的，分色褲子非常緊窄，像襪褲，怪異有趣，上身配喇叭袖收腰短上衣，再配上尖頭鞋，整體效果顯得特別修長。中世紀後期是西方服裝由古代到近代的轉折點，因為中世紀後期以前，男女基本同形，到了中世紀後期，男女服裝差別開始明朗化，這變化有賴於立體裁剪的確立，專業裁縫在這時候開始出現，個性化的立體裁剪從此介入了時裝。

明　明代皇帝的常服是圓領窄袖龍袍，龍是中國人上古時期心中的吉祥動物，到了明代已完全是皇帝獨有的標記，專制權威的象徵。此時期補子成為新的區分官階方法，補子繡上禽獸紋樣，文官補子繡禽紋，代表文明；武官補子繡獸紋，代表威武。明代服裝工藝製作水平極高，令人驚嘆，遺憾的是西方已向現代文明前進時，明代仍繼續封建社會的專制思想。

文藝復興　文藝復興運動結束了中世紀宗教神學長達一千年的思想統治，迎來了新時代的曙光。文藝復興思想的核心是人文主義，個人意識加強，對人性的讚美，重新肯定人的價值，衝破禁欲主義，表現人體造型美，並強調性別的差異。男性造型流行寬大上身和緊窄下體，特別強調突出下身線條，到了十七世紀的巴洛克時期，男子造型更加誇張，服裝有四個設計特點，切口、輪狀皺領、填充襯墊和強調性部位的下體蓋片，加上流行穿吊襪帶和長筒襪，整體造型極度華麗而怪異，甚至帶點女性化。

清　滿清統治中國後，男子服裝改為滿清樣式，服制非常繁瑣，具有繁縟精細的工藝，艷麗愉悅的色彩，加上圖必有意，意必吉祥，所以清代服飾具有濃厚的財氣、媚氣和工匠氣，設計風格，雖集歷代工藝的大成，卻失去獨特的個性。此時西方已大大拋離中國，急速向現代化前進，中國還處於一個僵化的舊社會中，不知進取。

十八世紀　在巴洛克風格基礎下發展了洛可可風格，洛可可風格雖然繼續華麗，但明顯轉為小巧輕盈。直至十八世紀中期英國工業革命，穿著又進一步改變，人們紛紛穿起腰身放寬，下擺減短的上衣，加上十八世紀末期的法國大革命，封建貴族終被趕下歷史舞台，同時也趕走了過度裝飾的服裝，繼而平民階層的服裝成為新時尚。簡潔挺拔，穩重端正的三件式組合套裝在這時應運而生，並不斷改良，最終在十九世紀後期確立了現代西方反折領男裝的基礎。

民國　一九一一年辛亥革命結束了中國封建社會的服制，隨之而來的大變革就是斷髮易服，在新時代裡，舊社會服裝被認為有礙邦交、衛生和進步。在殖民地色彩濃厚的上海，隨處可見一些留學歸來的年輕人和外交官，開始穿起代表文明的西裝革履，配以中式長衫馬褂，這種中西合璧的穿著方法完全顛覆了傳統的審美標準，有人說是光怪陸離，不倫不類，也有人說是入型入格，確實好看，就在這樣的社會背景下，中國人在服裝審美判斷上種下了崇洋的心態，自此之後深深影響著每個中國人。

二十世紀　二十世紀西方社會迅速發展，不像以往服裝數十年至數百年才有變化，服裝與社會有著密切的關係，敏銳地反映著社會的變化和演進，這時期不同風格的設計百花齊放，出現大量設計師，掀起一浪又一浪的時尚風潮，很是熱鬧。但從另一方面來說，正因為服裝與社會文化有著密切的關係，而主流意識又將男性的成功定義等同在金錢上，結果形成三件式男裝的設計只專注在端莊穩重的形象裡來回，失去了以往強調個性的設計，而顯得保守和沉悶。

附錄二　寫真集

歷代皇帝

秦始皇

秦

春秋戰國

文臣武將

老子

孔子

管仲

劉邦
司馬睿
司馬昱
漢
魏晉
蘇武
司馬遷
諸葛亮
周瑜

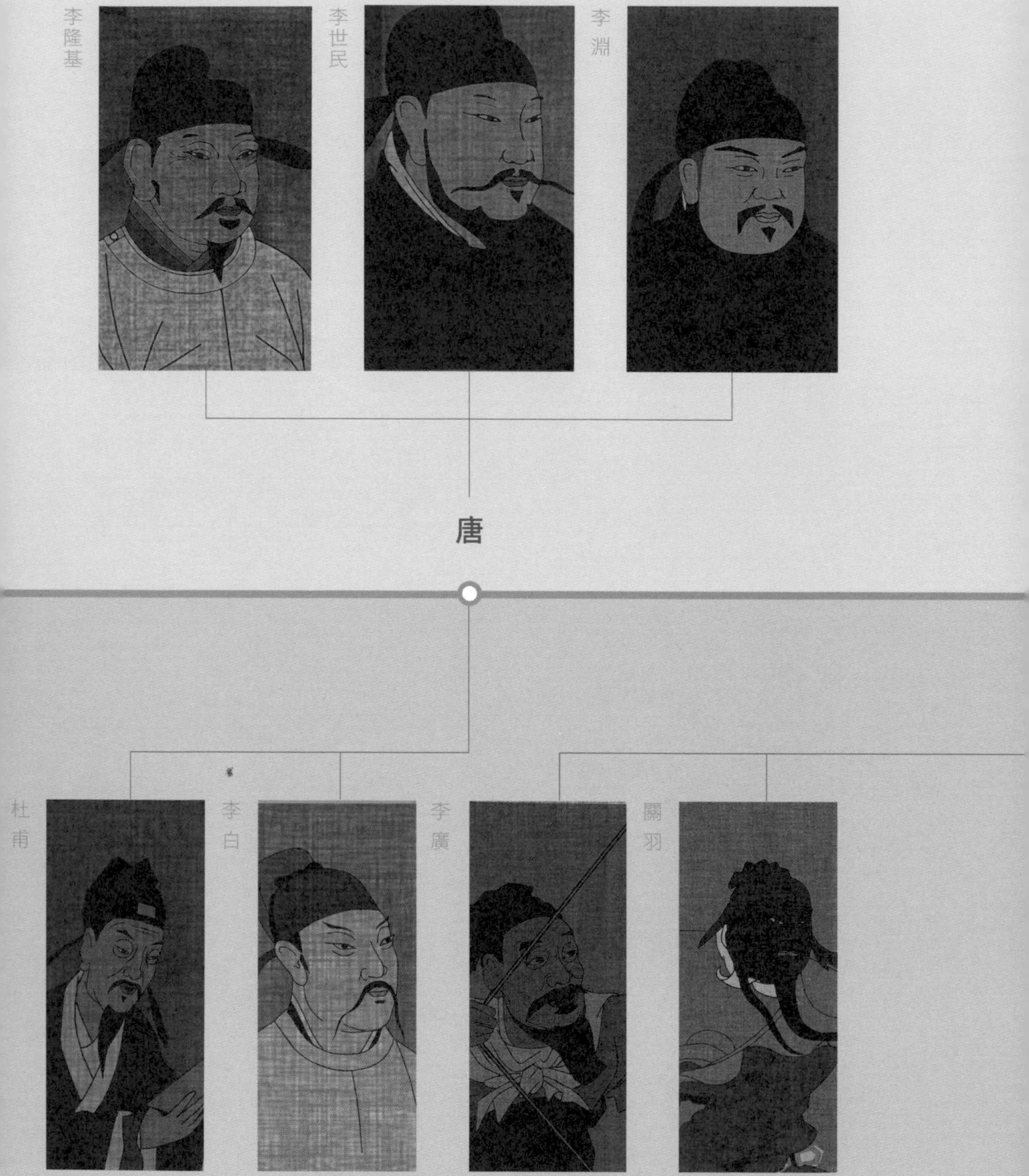
李隆基
李世民
李淵
唐
杜甫
李白
李廣
關羽

趙匡胤

趙昀

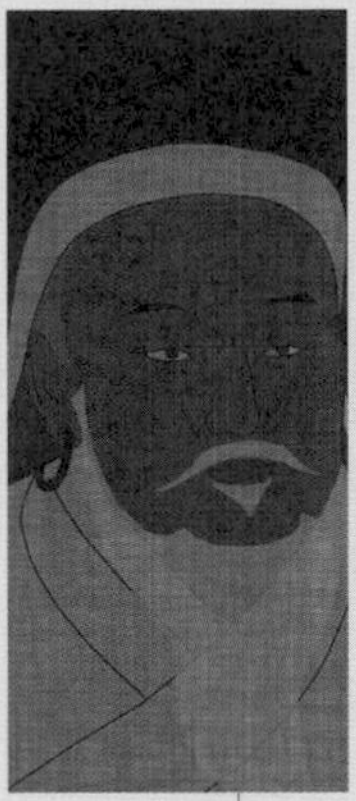
成吉思汗

忽必烈

宋

元

蘇軾

岳飛

文天祥

朱元璋

愛育黎拔力八達

窩闊台

明

范仲淹

包拯

溥儀

努爾哈赤

清

林則徐

第二部

時尚不一定成為經典
但經典一定曾經是時尚

1

變革

漢服已死

漢服當然沒有死，
我想説的是漢服在漢代以後已不是純正的漢服，
而是與不同文化互相交融和碰撞出來的混合服。
中國上下五千年，
如果沒有外來文化的交融和碰撞，
是不會發展成現在的模樣的。
漢族以華夏民族自居，
並貶稱四方文化相對低下的民族為「四夷」，
但是沒有四夷的文化交融和碰撞，
恐怕華夏文化會大大失色。
其實文化融合沒有想像中可怕，
融合不但沒影響中國服飾的偉大，相反，
正因為中國文化能吸收外來文化而不斷地發展，
才不至於長期在一個穩定的狀態下僵化。

中國服飾經歷了五次重要變革，
無論變革的起因是軍事需要，
抑是自然融合、主動吸收、政治壓迫或大勢所趨，
變革不但沒有令中國服飾衰落，
反而如混血兒般，越混越美麗。
第一次變革在春秋戰國，胡漢混交，為了軍事需要，
趙武靈王在軍中實行胡服騎射，
變革主要體現在從穿裙改為穿褲。
第二次變革在魏晉南北朝，
西域與中原混交，因為戰亂動盪，
不同種族服飾大交流，是自然的融合。
第三次變革在唐朝，
與世界文明混交，大量外使來朝，
加上唐人主動吸納外來文化的個性，

使唐代服裝帶著濃厚世界主義色彩。
第四次變革在清代，
不只滿漢混交，同時還有中歐混交，
滿清入主中原，漢民族被迫剃髮垂辮，強行易服；
歐洲傳教士來華，清政府初嘗歐洲時尚玩意，
如果滿漢混交是壓迫，
中歐混交則是友好開始，無奈以戰事結束。
第五次變革在民國，
工業文明與封建文明混交，
民國流行中西混搭，
中式長衫配西式革履，
這種穿衣風格就像工業文明與封建文明的碰撞，
是大勢所趨。

胡漢混交

春秋戰國

趙武靈王為了適應軍事需要，
令軍隊改習弓箭，改穿胡服，
這就是服裝史上有名的胡服騎射。
漢服上衣下裳，闊袍大袖，在平原上車戰還可以，
一旦出入山谷馬戰時，
胡服的短衣窄袖便占盡優勢，
趙武靈王服裝改革主要是廢去裙子改穿褲子，
棄履穿靴，還引入革帶，
一切都是為了軍事需要，方便作戰。
中國人尊古，趙武靈王改革自然沒那麼容易，
大臣都極力反對，惟趙武靈王痛斥大臣，
堅持執行，最終趙國得以強大。

棄裙改穿褲

西域與中原混交

魏晉南北朝

戰亂動盪，不同種族服飾大交流，
加上西域各國民族來華經商，
形成北方遊牧服飾、西域服飾，
以及漢服飾三者並存及互相影響。
胡服此時在民間全面流行，
帶鉤和革帶則被貴族使用在袍服上，
成為流行時尚。
原先漢服使用布帶，只作束衣之用，
而胡服使用革帶，
則便於攜帶日用品，
服飾大交流結果是布帶革帶並用，
二帶並用形成腰間獨特新風景。

布帶革帶並用

世界文明與中國文明混交

希臘卷草紋

伊斯蘭卷草紋

唐草

唐

唐人喜愛吸納外來文化，好胡服、胡樂、胡食、胡床等，
視為時尚，因此唐代服飾帶著濃厚世界主義色彩。
唐長安的來華使節眾多，有敘利亞人、阿拉伯人、
波斯人、吐蕃人、高麗人、日本人、安南人等。
長安是一個不折不扣的國際大都市，
唐服飾文化交融可在吐魯番出土織物中得到物證，
聯珠對鳥紋、聯珠豬頭紋，設計明顯受波斯風格影響。
而當今最能代表中國紋樣之一的唐草紋，其實源自埃及葡萄紋，
葡萄紋傳至希臘加上了花草，形成早期卷草紋，
及後再傳到伊斯蘭國家，然後隨佛教經過印度傳入中國，
最終在中國發揚光大，形成唐草，
可見一個偉大紋樣背後需要眾多文化的貢獻。

唐草

變革

滿漢混交和中歐混交

清

滿清入主中原，漢民族被迫剃髮垂辮，強行易服，
滿服成為中原主流，卻保留了漢服元素，
如十二章紋與補子。
滿漢混交外，還有歐洲文化入侵，
法國此時已成為歐洲時尚中心。
隨著傳教士來華，清政府初嘗歐洲時尚玩意，
清宮廷後花園滿是法式洛可可風格，
C形、S形、曲線、碎花，繁雜裝飾的洛可可，
設計少了宗教意識，多了縱欲享樂。
《雍正行樂圖》中可以見到他戴假髮穿西服，
扮不同的造型娛樂，如果滿漢混交是壓迫，
中歐混交則是友好開始，無奈以戰事結束。

雍正戴假髮

工業文明與封建文明混交

民國

清帝國終結，民國建立，剪辮易服。
民國政府頒發服裝法令，引用西式燕尾服、禮帽和皮鞋為本土禮服。
其實民國初期，人們仍保持傳統著裝，
後來受西方服裝衝擊，才開始穿著西服。
最初穿著西服的主要是留學生和知識分子，
他們認為西服是先進的象徵，當然亦帶有崇洋心態。
雖然西服為大多數人接受，但人們並不排斥傳統服裝，
民國時期最時髦的穿著風格是中西混搭，
長袍配皮鞋，長衫內穿西褲，
還有禮帽配長袍馬褂，都是不少有身分人士的時髦打扮。
中西混搭的穿衣風格就像工業文明與封建文明的碰撞，
是大勢所趨，從此中國服裝走進現代文明的道路。

中西混搭

2

審美

醜比美更偉大

第一層境界　常態　審美中最低層的境界，對鮮艷色彩特別感興趣，認為美只是本能反應，無須思考，對平衡、和諧、對稱特別嚮往，認為一切不平衡、不和諧、不對稱之物都不完美，不完美之物毫無價值，所以不感興趣。

第二層境界　非常態　是第一層境界的昇華，不再嚮往表面的愉悅，對內心情感更感興趣，情感壓抑是其表現手法，平靜和不張揚是其外表，其實外表下暗藏一把火，火背後有故事，有故事就能感動人，能感動人就產生美。

第三層境界　病態　昇華到極致，成為最高境界，對虛飾美反感，反抗集體主流，講求個人另類，衝突、不穩定、不和諧、陌生感，甚至扭曲是其特徵。美與醜不是問題，真與假才最重要，只有通過衝突、不穩定、不和諧、陌生感和扭曲，才能反映真實的人生，病態成為終極的美。

常態

太美令人心慌

清代的美是一種常態美，
屬於第一層次的境界，
就是最低層次的境界。
它具有濃厚的財氣，
媚氣和工匠氣，
繁縟精細的工藝，艷麗愉悅的色彩，
貴氣的絲織品，腐朽的金粉氣，
加上圖必有意，
意必吉祥，實在世俗難耐。
清代艷麗媚俗的設計風格，
雖集歷代工藝的大成，
卻失去獨特的個性。

清

豔麗媚俗

非常態

禁欲

宋代的美是非常態，
屬於第二層次的境界。
它的美在道德上是人性壓抑，
在審美上卻是藝術昇華。
禁欲不再是本能的單純，
而是更為複雜的內心情感，苦中有甜。
在存天理，滅人欲思想下，
唐代的飽滿色彩，在宋代消失了，
工藝不再鑲金錯銀，雕琢浮艷，
換來是淡雅的間色，含蓄的造形，
平易雋永的韻味，宋代設計風格表面上平靜，
其實內裡暗藏一把火。

宋

含蓄淡泊

病態

太醜令人動容

魏晉的美是病態美，是第三層境界，
就是最高境界。魏晉時期玄學流行，萬物以無為本，
崇尚虛無，形式空靈神妙，
態度超然物外。
魏晉人士敢於突破傳統禮教的束縛，
他們衫領張開，
袒露胸懷，赤腳散髮，任情不羈，
通過衝突、不穩定、不和諧、陌生感和扭曲的手段，
來表現對現實的不滿。
他們相信美醜不是問題，
真假才最重要，扭曲的外表雖然病態，
卻能反映百味交集的真實人生。

魏晉

任情不羈

醜

終極美

每個人開始的時候都追求美，
長大了發現美只是傳說，並不存在於現實中。
幻影遮蔽下的世界，
美只是虛飾和僵死的趣味，
有人從此鄙棄美的追尋，醜開始被探討，
並發現醜比美更能表現人的心理真相和精神本質。
從此美醜不再是問題，真假才最重要，
人生下來原是醜，最美麗的人都一樣，
老了死去也是醜，人一生中美麗的時間很短。
美雖然可貴，但不能託付，
醜伴著你一生大部分時間，
醜比美對你更真更忠心，
所以醜比美更偉大。

因為它更能打動人心

3

階級

寧穿破　莫穿錯

現代人很難想像古人穿衣如果不合禮法，
輕則坐牢，重則處死。
古代服制非常嚴謹，寧穿破莫穿錯，
背叛禮法是絕對不容許的，
因此從衣著的面料、款式、色彩和紋樣，
就能分辨一個人的身分。

身分決定著裝，穿著是沒自由的，
在古代大體上可分為三個階級，
分別是貴族、平民和奴隸。

貴族階級包括帝王、諸侯、士大夫，
平民階級包括士農工商，最下階級是奴隸。
其中最值得注意是士，士遊走貴族和平民兩者之間，
是貴族的最低層，
同時也是平民中的最高層。

十二章紋

古代祭祀是國家大事，參加祭祀，天子、公卿、士大夫必須身穿冕服。冕服是玄衣纁裳，即黑衣紅裳，衣裳上章紋的多少是用來區分等級，數目越多等級越高，如當帝王身穿繡有十二章紋的冕服的時候，公卿就要穿只有九章紋的冕服，侯伯就要穿七章紋的冕服，逐級遞減。冕服作為傳統祭祀禮服，歷代沿用，各朝代雖有修改，但基本形制不變。

十二章紋即是日、月、星辰、山、龍、華蟲、宗彝、藻、火、粉米、黼和黻。日、月、星辰代表光輝，山代表穩重，龍代表變化，華蟲（雉鳥）代表文采，宗彝（一虎一猴）代表智勇雙全，藻代表純淨，火代表熱量，粉米（白米）代表滋養，黼代表決斷，黻（兩獸相背）代表去惡存善。

十二章紋始於黃帝，前六章紋繪於上衣，後六章紋繪於下裳。到周朝，日、月、星辰已畫於旗上，不再用於衣裳，實際衣裳只繡九章紋，上衣五章紋，山、龍、華蟲、宗彝和藻，下裳四章紋，火、粉米、黼和黻。

火

龍

日

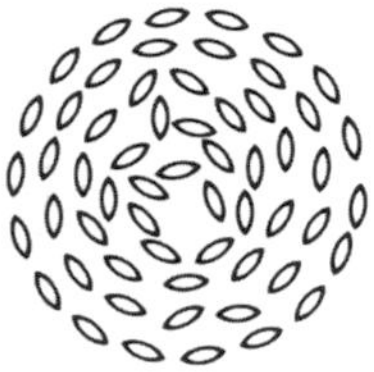

粉米

華蟲

月

黼

宗彝

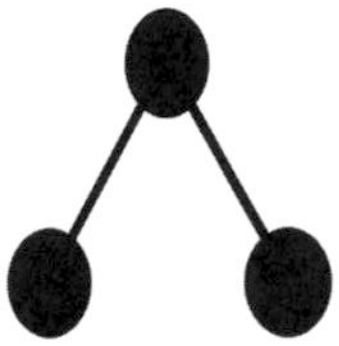

星辰

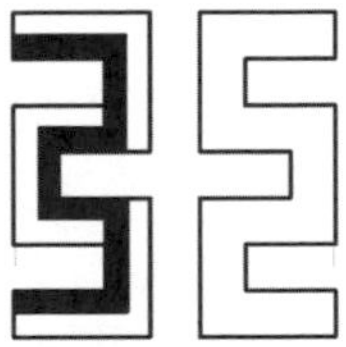

黻

藻

山

官階顏色

古代官吏的公服是以顏色來區分官階的，
官色制度從隋代開始，到了唐代發展成熟。
唐代共分四等顏色，一至三品穿紫袍，
四至五品穿緋袍，六至七品穿綠袍，
八至九品穿青袍。
後來又進一步頒布新制，在原來服色上分深淺，
四品用深緋，五品用淺緋，六品用深綠，七品用淺綠，
八品用深青，九品用淺青，
三品以上沒有變動，仍用紫色。
可見古代服色制度等級非常森嚴，
庶民是不能穿著這類顏色的，
之後宋、元和明代的公服都受此制度影響。

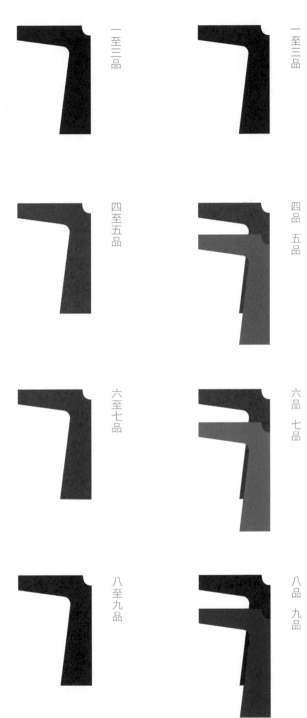

一至三品

一至三品

四至五品

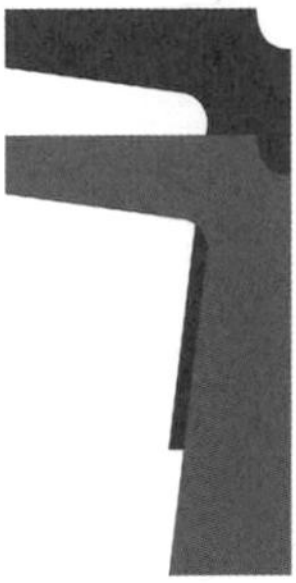

四品　五品

六至七品

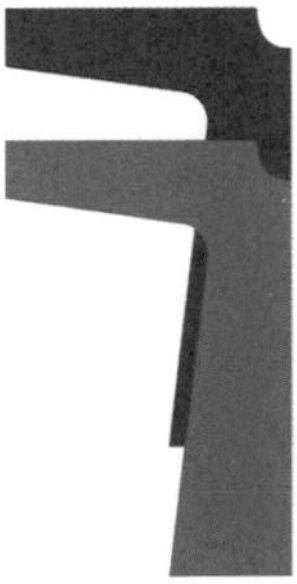

六品　七品

八至九品

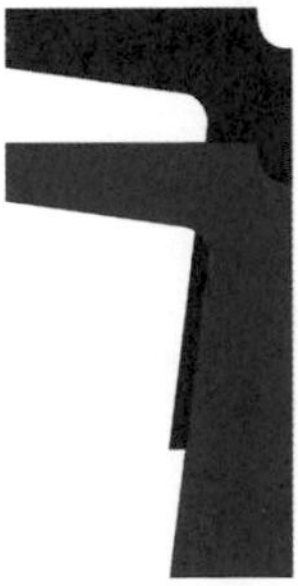

八品　九品

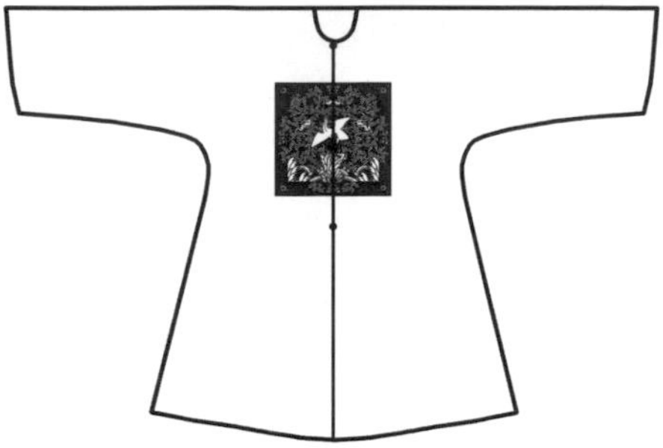

補子

到了明代補子成為新的區分官階方法，
補子成方形，
繡上禽獸紋樣，
文官補子繡禽紋，代表文明；
武官補子繡獸紋，代表威武。
清代廢除服色，
不論品級高低一律是藍色，
區分官階靠補子紋樣，
補子又分圓形和方形兩種，
圓形是皇室貴族使用，
如皇子、親王、郡王等，
普通官吏則使用方形補子。

清

文一品

文二品

文三品

清

文七品

文八品

文九品

文四品

文五品

文六品

重農抑商

平民階層以士人為最高級，
中間是農民和工人，
最低級是商人，
可見古代重農抑商，
農業被視為富國強兵的源泉，
商人被視為口甜舌滑，
謀取暴利的小人。

春秋時期群雄割據，社會結構瓦解，
一群原本是貴族的人淪落民間，
他們只好靠自己的知識，依附其他的新興貴族，
才能生存下來。這群不再是貴族，
但擁有知識的獨特人群，
平日務農，有戰事時被徵召，
所以對草根特別有感情，重義氣，
這群特殊的人被稱為士。
戰國期間貴族壟斷的局面被打破，士就有了發展的機會，
因為能文能武，士朝兩個不同方向發展，
一方面取其文，主張恢復周禮而成儒士，
另一方面取其武，協助有志之士對抗強權而成俠士，
儒士和俠士，源出於一，
最終是南轅北轍的走向。

平民

長衫

西周時期儒士的服裝是青衿，即素色麻衣做衫身，配青色領子，
詩經有句「青青子衿，悠悠我心」，就是描述這服裝。
春秋戰國儒服叫逢掖，即大袖單衣。
東漢末年儒士最時髦的裝束是羽扇綸巾，
手拿羽扇頭戴巾子是一種風雅從容的舉動。
唐代儒士穿襴衫，是一種白色圓領窄袖衫，
白衣秀士成了尚未有功名的讀書人，讀書人都希望有日得到功名，脫白掛綠。
宋代儒士仍穿襴衫，但袖變得特別寬大，此時襴衫亦寫作藍衫，
明清時期襴衫真的變成藍色，衫身用藍絹，下擺和袖縫上青邊。
儒士形象歷代多變，但留在人們記憶中，最特別的還是穿長衫的形象，
很多士人寧願穿上破舊的長衫，也不願意披上新的短衣，這選擇很有意思，
是審美的追求，也是瀟灑的姿態。

短打

平民服飾不似宮廷服飾般奢華繁縟，
它以簡單的款式和樸素的用料，
記錄著普通百姓的生活方式。
穿長衫的是達官貴人和受過教育的書生，
穿短打的非武即貧，平民穿著的短衫是本色布衣，
服飾雖然簡單樸素，但極具生命力。
儘管中國絲織品如此華麗，
都與平民百姓沒多大關係，
兩種原因，一是經濟貧寒，二是政治限制，
對平民百姓的服裝、面料、顏色和紋樣的限制，
在歷代史籍常有記載。

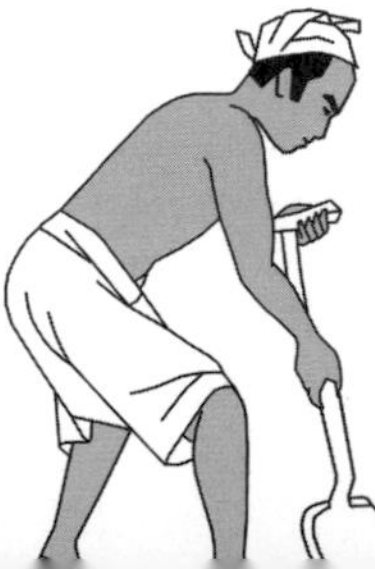

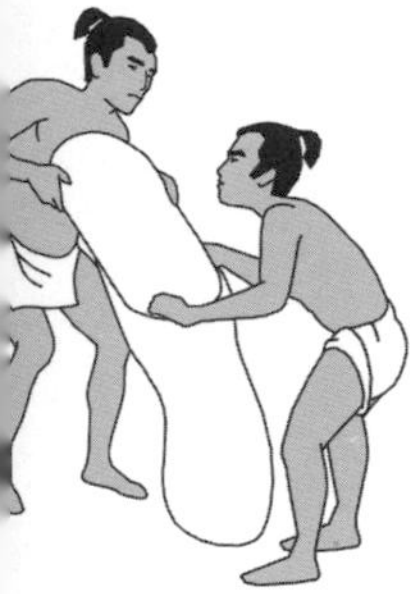

禁

面料限制　南朝令庶民只許穿紗、葛及布衣，其餘皆禁。

唐朝規定流外及庶民，不得穿綾、羅及五色線。元朝規定庶民只許穿暗花綢綾。

明朝令庶民用綢、絹、素紗，禁用錦、綺、綾及羅。

清朝禁軍民用蟒緞、妝緞、貂皮、狐皮等，違者嚴刑。

顏色限制　漢朝庶民只准用青綠二色。

宋朝令在京士人與庶民不得穿黑褐地白花衣服。

自隋文帝穿上黃袍臨朝開始，黃色作為帝王專用色，庶民禁用。

明朝柳黃、明黃、薑黃等諸色亦禁，清朝杏黃解禁，而將明黃作帝王專用色。

紋樣限制　南朝不准紋錦繡仙人和鳥獸。

唐朝禁民間繡龍、獅子、孔雀、仙鶴、萬字等。

遼朝禁士庶穿日、月、山和龍紋。元朝規定官民不准服五爪二角之龍紋及鳳紋。

明朝禁民間使用蟒龍、飛魚、大鵬、四寶相花等。

補丁補補丁

奴隸

褐衣

奴隸是比平民更低的階層，
夏商周是奴隸社會，
奴隸受統治者壓迫。
到了春秋戰國，雖然奴隸社會瓦解，
但奴隸階層仍然存在。
在清代，寧古塔是著名的流放地方，
當時流放的人被當作奴隸，
任由奴主壓迫，甚至打死。
奴隸穿著是比平民穿的布衣還低一等的褐衣，
褐衣是粗麻布做成的短衣，
因為貧困，奴隸只好以補丁補補丁，
衣著極為破爛不堪，衣衫襤褸。

4

形制

一國兩制

以漢族為主的中國，
歷代服飾其實並不是單一的漢制，
更多時候是採用一國兩制，
即漢制和胡制，
兩種服制時而並用，
時而排斥，
所以先民穿裙又穿褲，
大帶革帶一齊用。

胡

胡服

上衣

下褲

配飾

漢

漢服

上衣

下裳

深衣

胡服

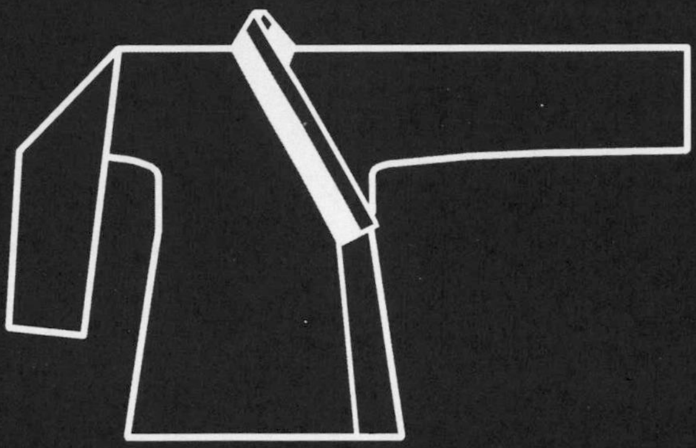

左衽

漢服

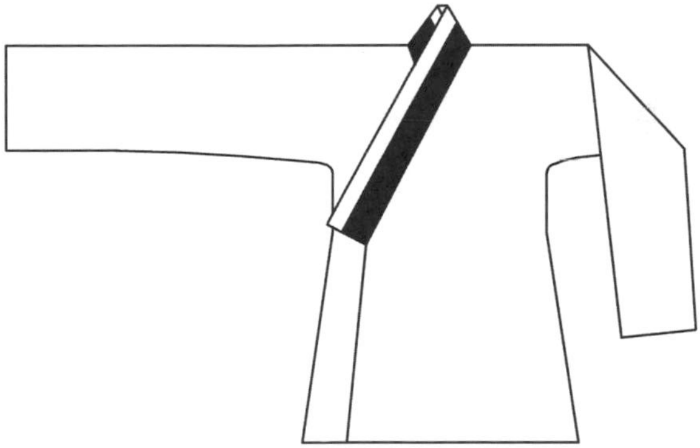

右衽

胡服U形領

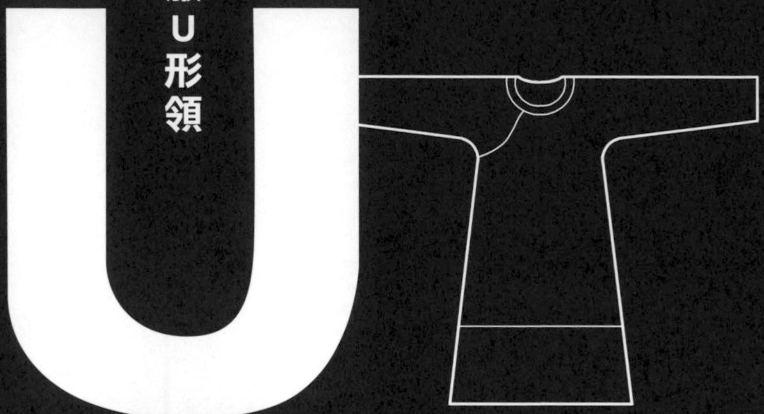

漢服Y形領

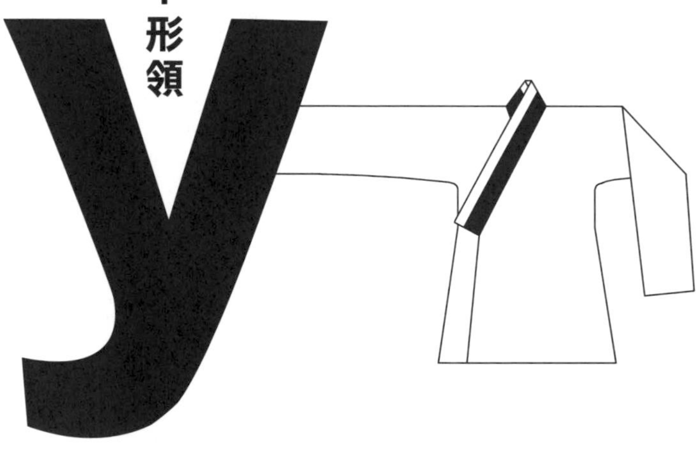

胡人穿

褲

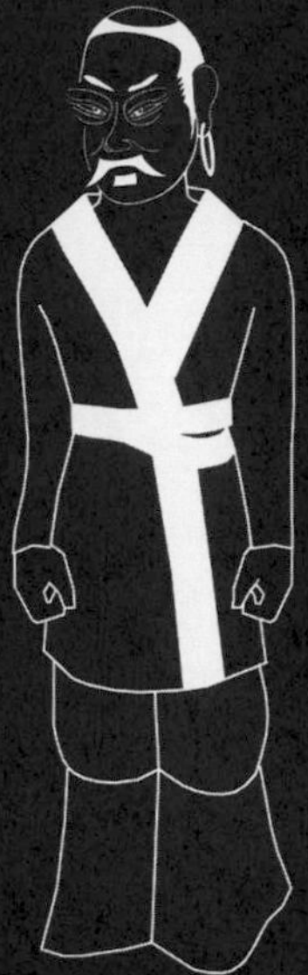

漢人穿

裙

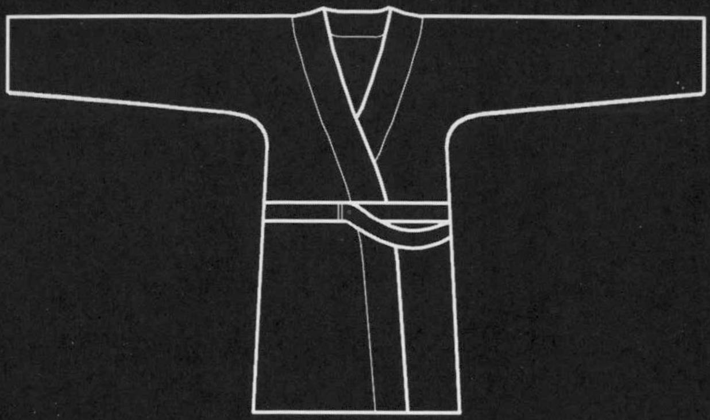

上衣

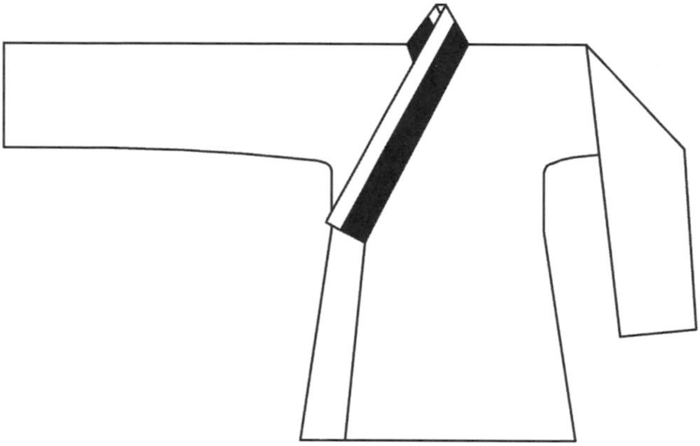

上衣

窄袖短衣　胡人是中原漢人對
西北異域民族的統稱，
而胡人穿的服裝被統稱為胡服。
西北民族多以遊牧為主，
因為便於騎射的需要，
胡服上衣主要特徵是窄袖短衣，
配革帶、
革靴和合襠褲。
與漢服的右衽傳統不同，
胡服上衣是左衽的。
另外因為西北地域氣候寒冷，
胡服多為皮毛製造。

衣裳　黃帝堯舜垂衣裳而天下治，
説明黃帝時期已有衣裳，
衣裳分為上下兩截，上身為衣，下身為裳，
後世稱衣服為衣裳即源於此。

衣　古代漢服的衣是指上衣，
形制是掩襟交領，窄袖，衫長不過膝，
掩襟交領就是前幅左右相互交疊，
形成Y形領口，再用腰帶圍繞固定，
而且沒有袖窿，
也就是説衣身和袖連在一片，
這與現今西服將衫和袖分開裁剪不同。
另外漢服上衣是右衽的，即左幅掩蓋右幅，
與現今西裝的掩蓋方式相同。

下褲

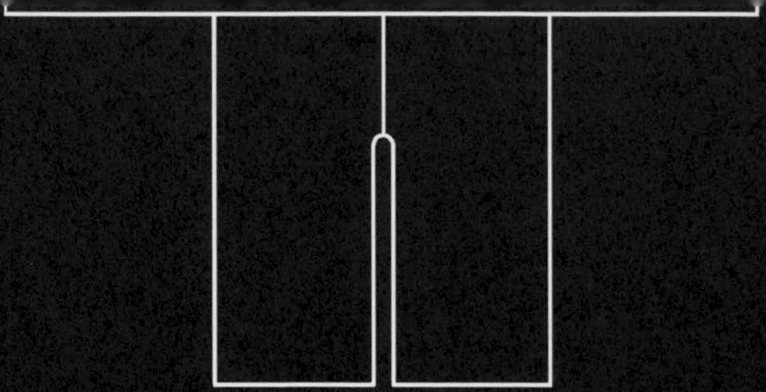

下裳

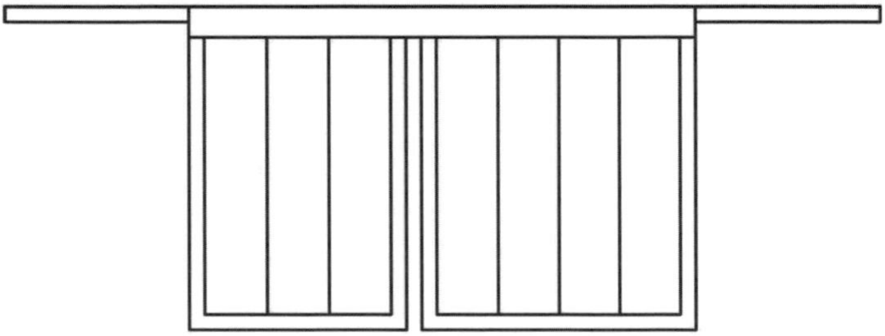

合襠褲　漢人穿的原是開襠褲，
因為穿著時外罩下裳蔽體，
褲所以無須合襠；
而北方遊牧民族則不同，
開襠褲不便於騎射，
所以胡人需要穿保護力更強的合襠褲。
戰國時期，
趙武靈王推行胡服騎射，
把合襠褲引入中原，
在軍中首先流行，
然後漸漸普及民間，
成為漢服的一部分。

裳　裳指下裳，裳就是裙，
古代漢族男人從夏朝就開始穿裙，
直至封建社會滅亡才結束，
從此中國男人與裙文化完全分開。
現代男人穿裙，被視為奇裝異服或女性化，
這實在與中國傳統服裝文化中
男人穿裙所表現的儒雅相距甚遠。
古人的裳內是沒內褲的，所以特別講究坐姿，
標準是跪坐，臀部需要坐在腳跟後上，
臀部是不容許坐在席上的，
如果坐時雙腿伸開，
就很容易走光，那是非常失禮的行為，
也因為裳緊貼下體，被認為是非常私密之物，
不能隨便觸碰的。

配飾

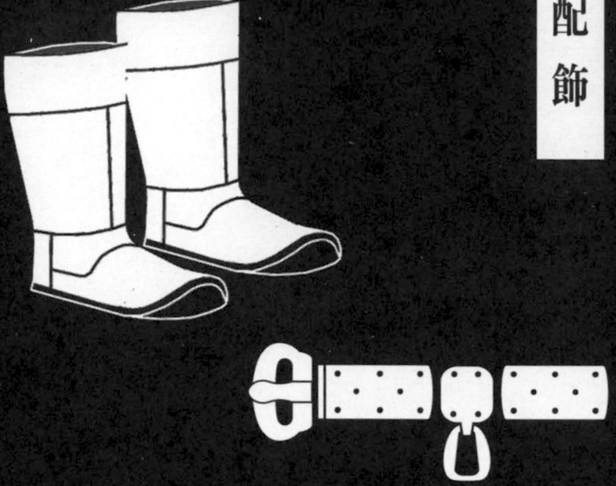

革帶與皮靴　漢人束衣用大帶，大帶是用絲帛製成的軟帶，不能用作懸掛隨身物；

深衣

胡人用的是革帶，質地厚實，方便懸掛隨身物，
但不能像布帶那樣繫結，而是利用帶鉤或帶扣。
帶鉤和帶扣在三國前同樣流行，
帶扣上因為有活動的扣舌，比帶鉤更方便實用，
所以在三國後，帶扣完全取代帶鉤。
蹀躞帶是北方遊牧民族最有特色的腰帶，
帶身下端連著鉸鏈或皮條，
用來繫刀、劍、皮囊等雜物，美觀實用。
胡人穿靴，靴既可保暖，
又可減少在騎馬時小腿與馬身的摩擦，
所以一直是北方遊牧民族服飾的重要特色。
到了戰國時期，漢人也開始穿靴，
全因為趙武靈王推動胡服騎射，同時引進了靴，
軍人將褲腳塞進靴筒，行動更加矯健利索。

深衣　上衣下裳的服式形制，
到了春秋戰國之交有新發展，
一種新的服式出現，名為深衣，
與上衣下裳兩種服裝形制同時並存。
深衣是上衣和下裳連在一起的服裝，
深衣的意思就是將身體深藏，特點是續衽鉤邊，
續衽就是把衣襟加長裁剪成三角形，
穿著時繞至背後並用腰帶紮緊，
鉤邊就是在領、袖、襟、裾的邊緣，
都鑲了一道厚實的錦邊。
深衣所費布料很多，非平民百姓負擔得起，
所以在春秋戰國，深衣既是士大夫的居家服，
也是平民的禮服，深衣流行的時間雖然不長，
但對以後各朝代袍服，發展影響深遠。

5

裁剪

減法的藝術

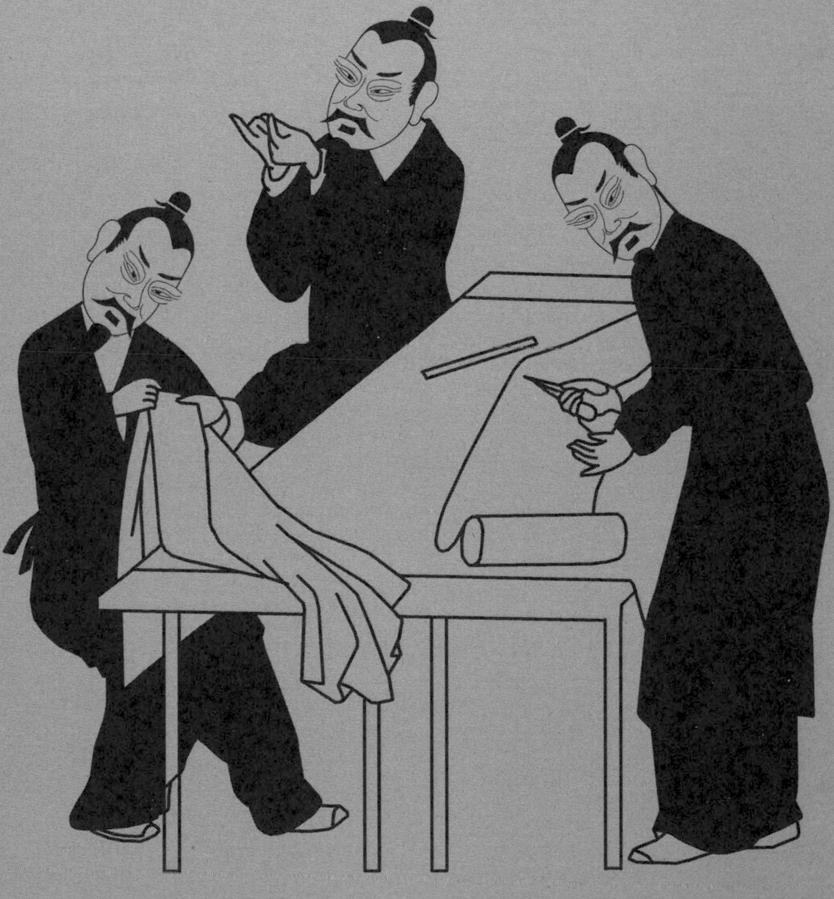

無肩線

肩線是前幅與後幅肩膀相連的位置，
現代服裝是前後幅分裁，
肩膀位置形成一道縫線，
稱為肩線。
破肩線有其實際需要，
因為節省布料，
打版比較容易，
如果不破肩線，浪費布料相對較多。
破肩線省布是現代裁剪的概念，
其實古代中式裁剪和現代西式裁剪，
是兩種不同的概念，
中式裁剪放棄肩線，選擇破後中，
聰明地解決裁剪的需要，
而且並不浪費布料。

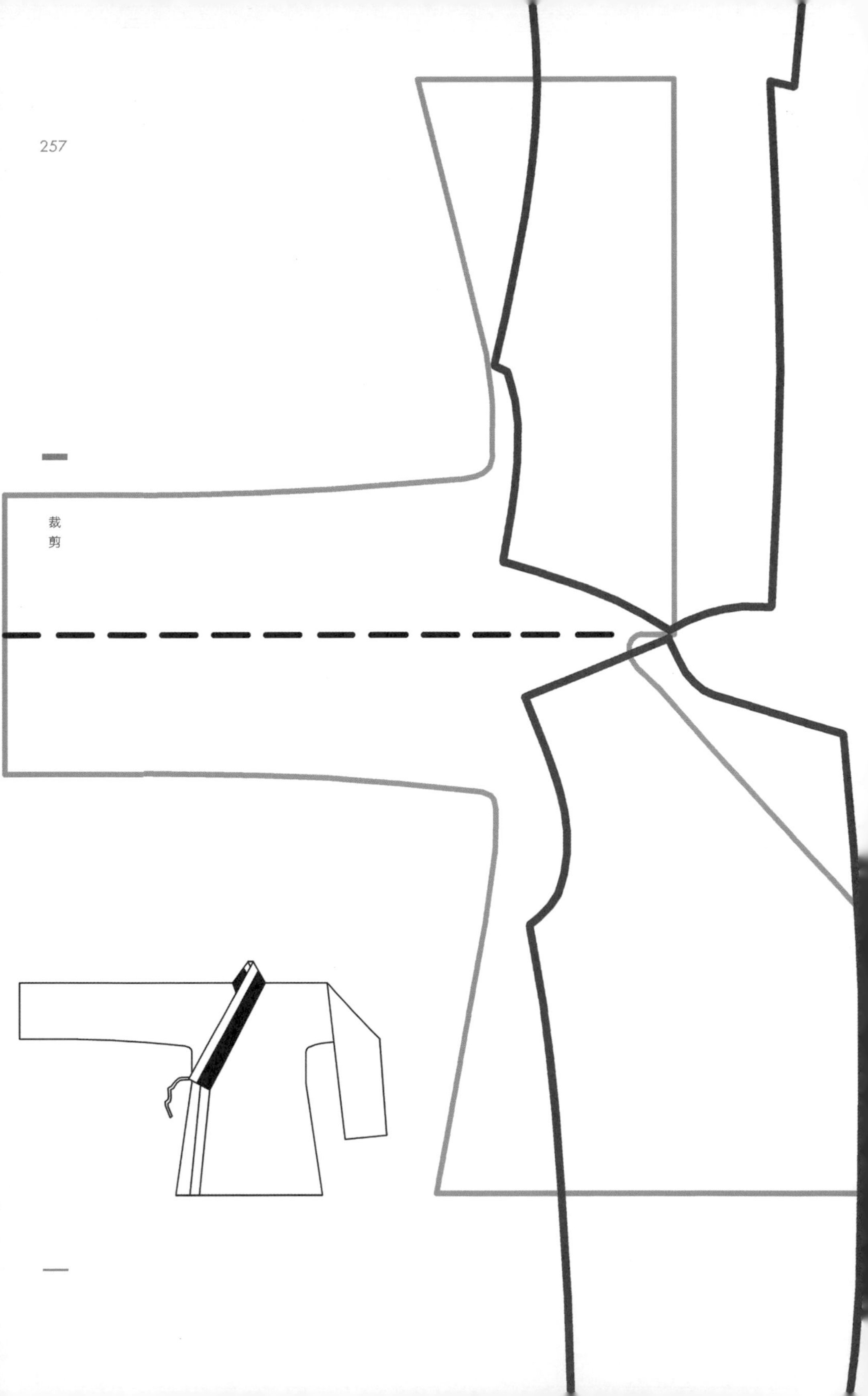

無袖窿

袖窿是身體與手的連接部位，
現代西服把衫身與袖分裁，形成袖窿，
使衣服更具立體感。
中式裁剪則不同，衫身與袖相連，
不追求立體效果。
中式裁剪還有幅寬的考慮，
一般需要縫接另一片來增加袖長。
肩是現代男裝審美的重要部位，
西服裁剪使用袖窿，再配合肩墊，
使男人肩膀看上去更強大。
中式裁剪不使用袖窿，
穿者肩部形成八字向下，
使身體顯得柔弱，因此以現代審美來説，
沒有袖窿的中式裁剪顯得不合時宜。

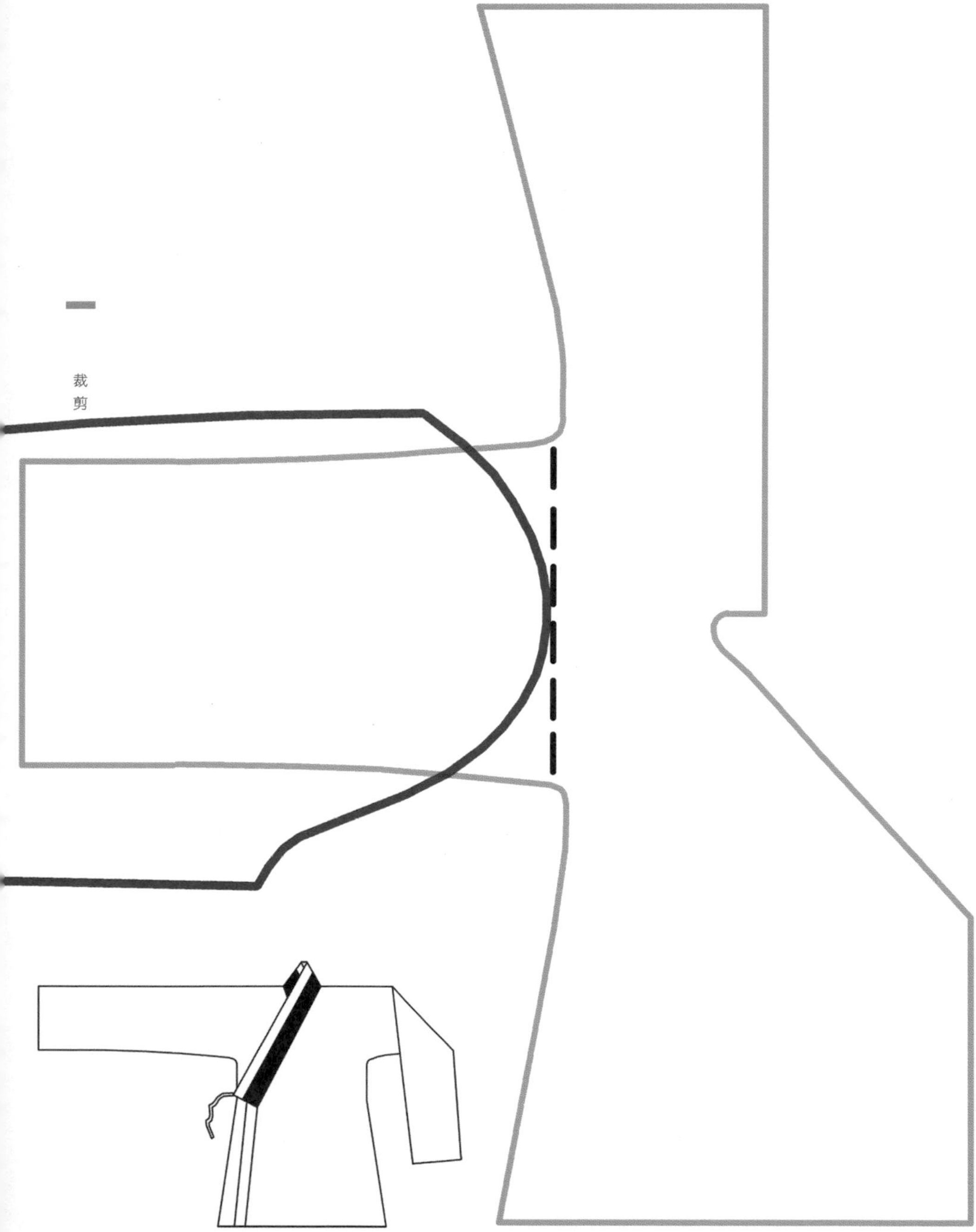

無門襟

現代西褲裁剪緊貼身體，需要打開門襟才能穿上，
傳統中式褲的褲腰和褲管寬闊，
因此不需要門襟也能穿上，
穿時把褲腰多餘的布摺一下，
用腰帶繫起來，再向下捲一捲褲腰就可以了。
中式褲普遍採用粗棉布，
褲襠和褲腿用同一面料，褲腰用不同色另拼上。
中式褲有單褲和夾棉褲兩種，
歷代中式褲的製作變化多在拼襠，
有直襠和斜襠，多取決於面料的幅寬。
清代男褲襠深腿肥，
而民國褲襠漸變小，褲腿較為平直，
直至二十世紀四十年代，
西褲開始成為主流，傳統中式褲漸漸式微。

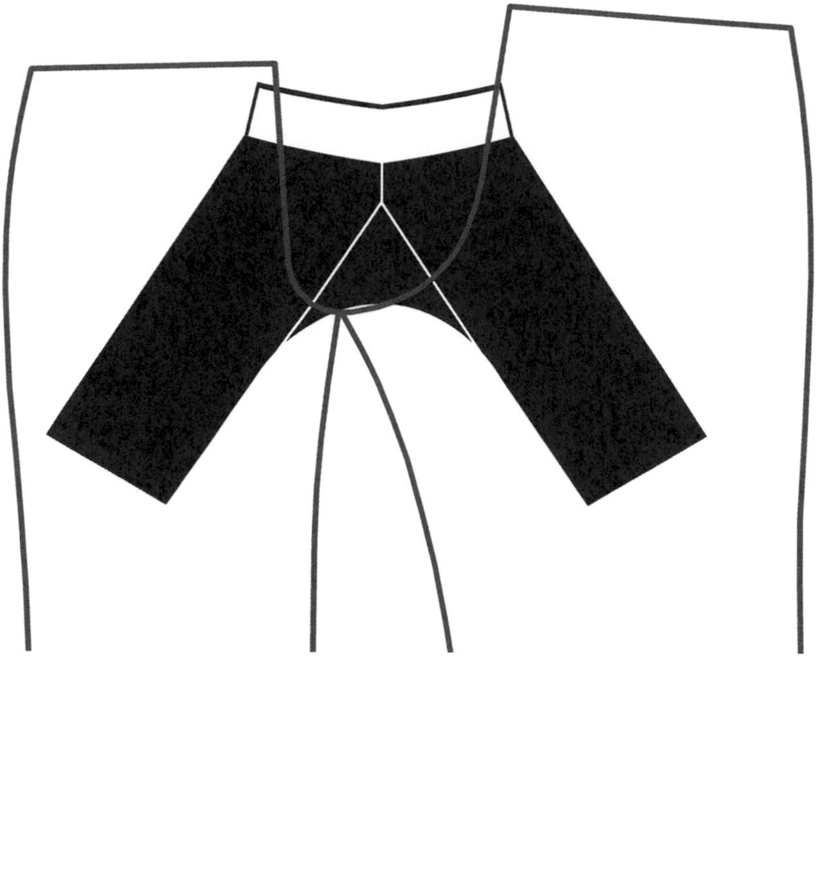

無鈕扣

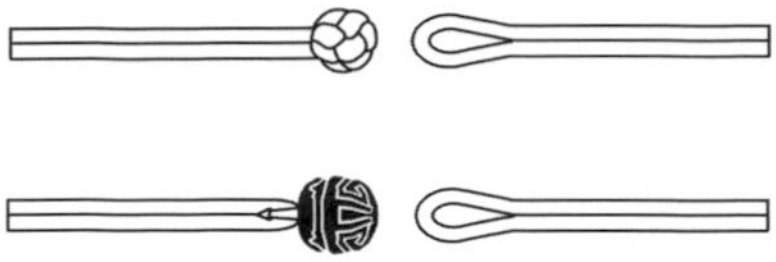

現代人很難想像
中國傳統服飾一直不用鈕扣，
鈕扣在中國最早用於圓領袍衫上，
直至明代鈕扣才被普遍使用。
在沒有鈕扣的時代，
衣服的衣襟之間
是用一根小帶子繫結起來，
充當鈕扣的作用的。
到了清代鈕扣有了革命性的改變，
就是出現了紐襻的應用，
及後民國又進一步發展，
才開始使用現代的鈕扣。

裁剪

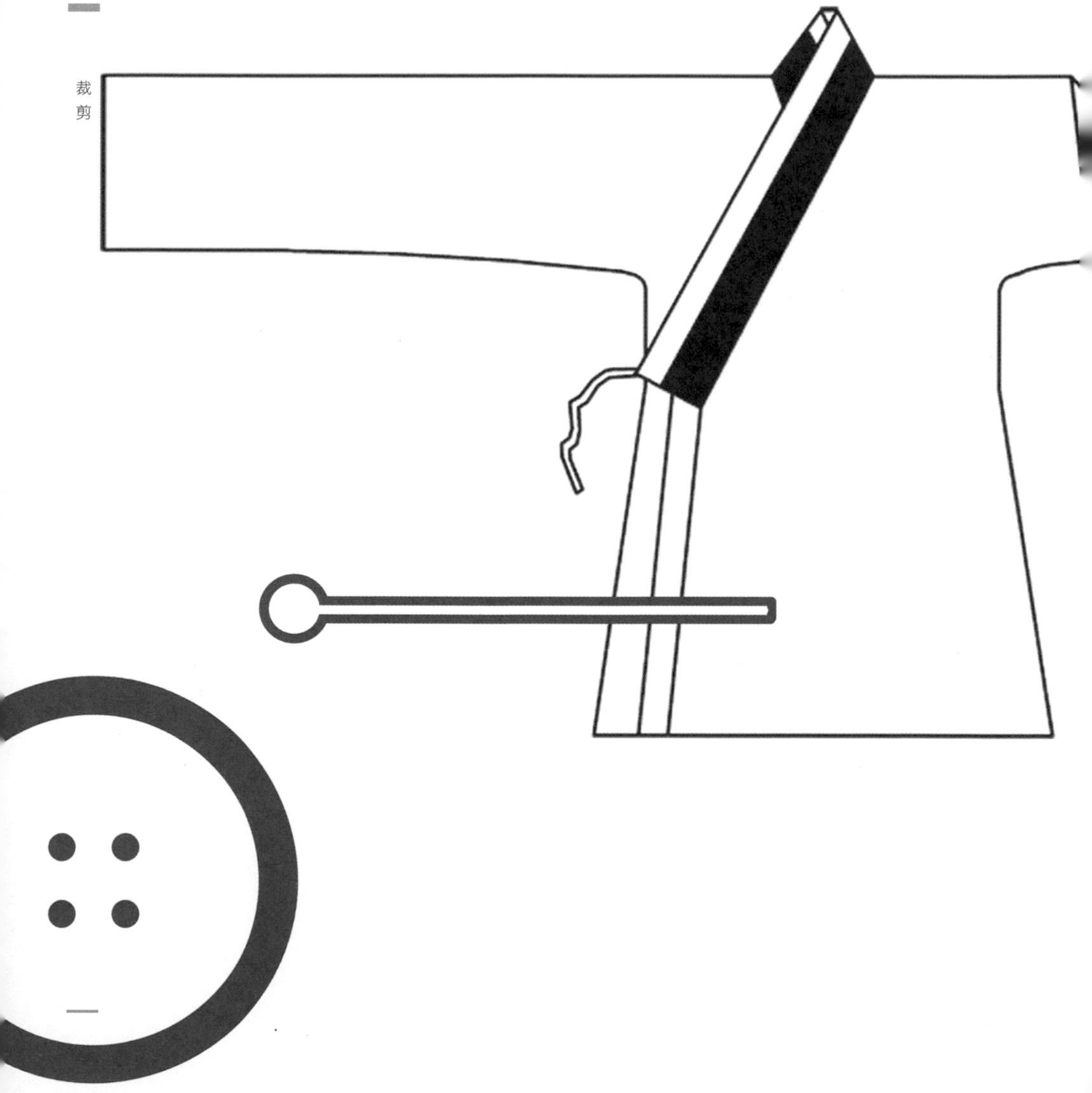

無口袋

漢服沒有使用口袋的傳統，
在未吸收北方遊牧民族
使用革帶攜帶隨身物件時，
中原人處理隨身物件
有兩個常用的方法，
一是放在胸前衣襟內，
另一是收藏在衣袖裡，
從魏晉時期開始，
革帶開始在中原流行，
中原人就懂得使用革帶來盛載東西，
而口袋的概念要一直到民國初期，
受西方影響之下
才出現在中式衣服上。

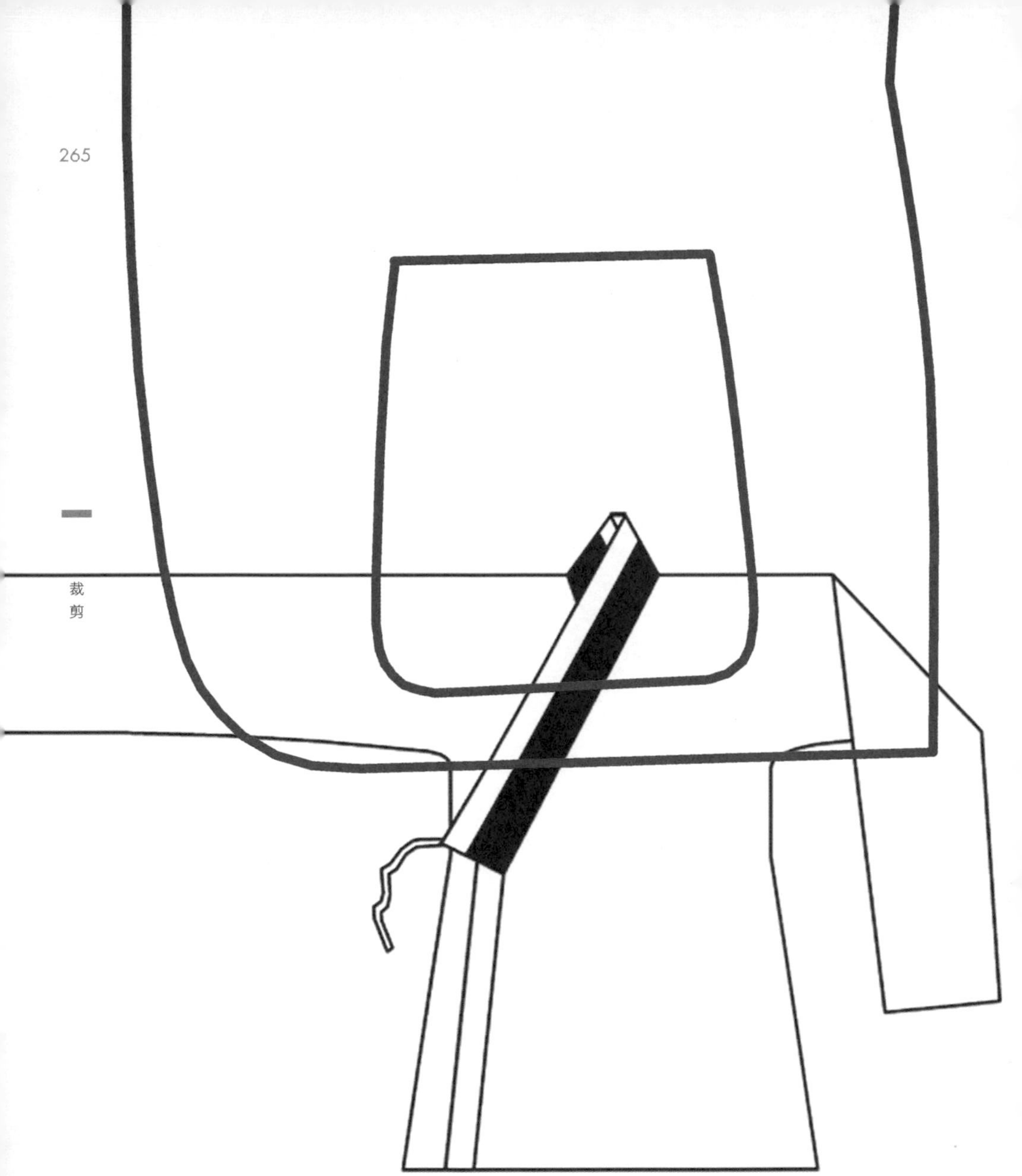

6

工藝

全手工高級訂製

從早期的手繪方式，
到秦漢時期的模板印花，
魏晉時期的防染印花，
唐代的絫染、蠟染、夾纈及貼金，
直至明清時期的刺繡，
中國紡織及製衣技術達至巔峰。
訂製一件龍袍，製作工序極為繁複，
一般需要五年，最快也要三年，
十個工人，百道工序，
更是只有貴族才負擔得起，
相對現今的高級訂製時裝有過之而無不及。

HAUTE COUTURE

一件龍袍
五年製作
十個工人
百道工序

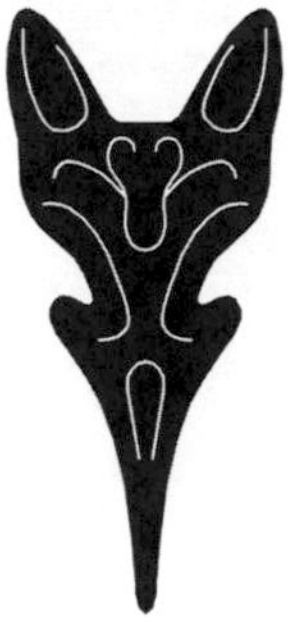

印花

直接印花　將染料拌以黏合劑，
並用凸紋版或鏤空版，
將其直接印在織物上
顯花的方法。
秦漢時期，
流行印花與手繪相結合。

貼金　將金箔或金粉，
用黏合劑
固定在織物上的過程，
稱為貼金。
絲織物貼金始於魏晉，
唐代開始出現印金，
遼金元時期印金十分流行。

染色

蠟染　蠟染是用蠟作防染劑進行防染印花，最早出現在東漢時期的棉布上，似由西域輸入。由於中原地區產蠟很少，唐代出現以灰代蠟的防染印花，明清時期蠟染則被廣泛用於棉織物上。

紮染　用線或織物本身將織物紮結後入染，解結成紋，紋樣具有暈色效果。紮染出現於東晉時期，唐宋時極盛，至今一直沿用。

夾纈　將布夾於兩塊鏤空花版之間，利用花版緊夾進行防染，解開花版，花紋即現。夾纈始於唐，並盛行於唐宋兩代，明清時期依然使用，多見於浙江和西藏一帶。

刺繡

刺繡像是以針代筆，在布帛上繪下花紋，
遠古的針用骨、竹或木製造，針眼比較粗，
到了春秋出現鐵針，針眼縮小很多，
而且針尖銳利，從此就能繡出更幼細的花紋。
漢代社會刺繡需求量大，
因為貴族衣必紋繡，而且國外訂單也多，
促使漢代刺繡技術飛速發展。
唐代刺繡針法有新突破，
除傳統的鎖繡針法外，
創新出齊針繡技法、套針技法等。
宋代出現用刺繡摹仿名家書畫的做法，
將刺繡推向極致。
明清刺繡達到高峰，精巧細膩，最後更形成蘇繡、
粵繡、蜀繡和湘繡四大名繡名揚中外。

紡織

經錦　錦是用彩色絲線織成的多彩顯花織物，是古代絲織品中結構最為複雜，變化最為豐富的一種。錦始於西周，唐以前主要採用以經線顯花的經錦。

緯錦　受到西域紡織文化的影響，魏唐時錦開始使用彩色緯線，織出圖案，稱為緯錦，中唐起緯絲顯花成為絲綢緹花織物中的主流。

妝花　採用挖梭工藝織入彩色絲線的緹花織物，根據不同的地組織，可分為妝花紗、妝花羅、妝花緞等。妝花始於唐宋，盛於明清，是中國古代絲織品最高水平的代表。

織金　在地組織上再織入金線的織物，出現於唐代，流行於宋元，最為著名的是元代的納金石，織金通常要求紋樣花滿地少，充分發揮顯金效果。

緙絲　採用通經斷緯法以平紋組織織成，織製時以本色絲作經，用小梭將各色緯線依畫稿挖梭織入，最後不同色彩的緯絲間出現空隙，有如雕鏤之狀，因此又稱刻絲。緙絲盛行於宋代。

7

衣料

勞民傷財

貴族衣料

蟬衣

曾有一個故事，
在漢代一位外地商人來中國，
採購絲綢時碰見一位穿著絲綢服裝的官員，
他透過絲綢看見官員的胸口有一顆痣，
無限感慨地說，
中國的絲衣真是了不起，
隔了一層還能看見裡面的黑痣，
官員聽後哈哈大笑，
撩開領口說著，
我哪裡是一層絲衣，
我穿了五件絲衣啊！

黃金線

一九五八年明十三陵的定陵出土了一件
明神宗萬曆皇帝的織錦金壽字龍雲肩通袖妝花緞龍袍，
袍的紗地上織出團龍紋，
團龍紋的龍、雲和火珠用金線作緯線織出來，
龍的鱗、爪和頭則用孔雀羽尾線織成，製作工序繁複。

黃金線製作工序

1 把堅硬的黃金錘打成極薄的金箔
2 金箔裱在羊皮或紙上，製成皮金
3 將皮金切成細長而扁平的金線
4 用絲絨做芯，塗上黏膠
5 將金線循環圍在芯上，乾後製成捻金線

玉

西漢時期皇帝和貴族死後常穿上一種形似盔甲的殮服——金縷玉衣，
人們希望借助玉之靈性以防屍腐，這種對玉的迷信，
是中國古代先民的一種情感寄託，把亡者的世界作為現實世界的一種延續。
玉衣的使用根據等級不同，有金縷、銀縷、銅縷、絲縷之分，
是以許多長方形、方形、梯形、三角形、四邊形和多邊形
等玉片拼合，玉片各角穿孔，鑽孔直徑僅一毫米，
用金絲線編綴，按人體部位分別製成頭、上衣、手袖、褲和足五個部分，
在玉衣頭部內有眼蓋、鼻塞、耳塞和口塞，
下腹部有罩生殖器用的小盒和肛門塞，這些都是用玉製成的，
共用玉片二千多片，從頭到腳形成一體，極像古代盔甲，
工藝繁複與精密程度之高，令人驚訝，
可是身體最終沒有長存，不朽的只是玉衣。

羊毛和獸皮

中國以絲綢聞名，毛織物並沒有得到像絲綢的尊貴地位，
其實先民利用毛在紡織上比絲還要早，
自古以來我國北方遊牧民族一直都以毛為主要紡織原料。
中國羊毛可分蒙羊毛、藏羊毛、哈薩克羊毛等，羊毛具天然波浪形卷曲，
不同的長度和卷曲能織出不同質感與形態，這是其他纖維所沒有的，
而且羊毛保暖性能好，一直是中國人冬天必備之物。
北方少數民族還有一種用來禦寒的毛毯斗篷，是一種很有趣的織物，
其實它並不是織出來的，而是壓出來的，用現代語就是不織布。
除了羊毛，獸皮也是北方民族生活的必需品，
「東方曰夷，被髮文身，南方曰蠻，雕題交趾，
西方曰戎，被髮衣皮，北方曰狄，衣羽穴居。」
這是中原漢人描述四周少數民族的早期服裝，
說明中國西北部少數民族是穿獸皮衣的。

絲

絲綢服飾在古代是用來區分身分等級的，
歷代帝王和官員的祭服、朝服和公服都離不開絲綢。
綾、羅、綢、緞是日常生活對絲織品的通稱，
絲是蠶的分泌液形成的纖維，
輕盈、纖細、柔韌，富有光澤，原色是淡黃色，
從石器時代已被中國人採用，
它的發現很可能是人類進食蠶蛹時無意中發現得來的。
從漢代起，絲隨著絲綢之路聞名國際，
中國人對絲情有獨鍾，
但千年不變的審美情趣，
最終使得絲綢淪為沒有朝氣、
死板的傳統服裝用料，令人可惜。

綾羅綢緞

綾　以斜紋組織為基本特徵的絲織品，
疏鬆輕薄，可分為素綾和紋綾，
素綾是單一的斜紋或變化斜紋織物，
紋綾則是斜紋地上的單層暗花織物，
綾盛行於唐代，其中以繚綾最為著名，
多用於錦盒包裝，書畫裝裱。

羅　採用絞經組織使經線形成明顯絞轉的絲織物，
羅在商代已經出現，
在唐代浙江的單絲羅十分著名，
單絲羅表面具有均勻分布的孔眼，
透氣，是夏裝的上等衣料。

綢

綢是絹的一種，平紋，
古代對質地緊密平滑的絲織品統稱為絹，
在新石器時期已經出現並一直沿用至今。
絹在歷代又有紈、縞、紡、綈、絁、紬等變化，
紬就是今天的綢，用途廣泛。

緞

緞是經緯絲中只有一組顯現於織物表面（反面無光），
並形成外觀光亮平滑的高級絲織品。
緞有素緞、暗花緞之分，
最初見於元代，明清時成為絲織品中的主流，適用於高級禮服。

就地取材

平民衣料

魚皮

東北黑龍江南岸的赫哲族人以捕魚為生，
他們取來大馬哈魚皮和鮭魚皮
來製作魚皮衣，
製作過程繁複，
要經過去魚鱗、風乾、脫油等工序，
一件魚皮長袍就需要五十條魚縫製。
除了魚皮長袍，
還有魚皮褲、魚皮鞋、魚皮手套等，
成品雖不是很柔軟，
但效果倒是很特別。

棕絲

蓑衣是農家必備雨衣，
編織蓑衣的材料很多，主要材料有棕櫚樹的棕絲，
可做成棕色蓑衣，
還有三葉草做成的紅褐色蓑衣，
和蕾草做成的黃色蓑衣。
製作蓑衣先要曬乾棕絲，然後編織，
從領口開始打繩結，繩結扣子多少決定蓑衣大小，
從領口一直向下編，
再根據不同作用來增加扇面的尺寸。
因為棕絲表面有油分，
當雨水落在棕絲上會馬上滾落，
是不會滲透衣服的。

竹

竹笠同樣是農家必備雨具，是用竹篾片編成，
先把竹篾削成扁麵條那樣寬，
然後編兩層，中間墊竹葉而成。
除竹笠外，竹還可以製作竹衣，
是夏天消暑最佳之選。
竹衣選用特幼的竹枝，切成小段，
每段約一厘米長，用棉繩穿成。
蓑衣和竹笠曾為不少古人擋風擋雨又擋雪，
在現今花花世界，
這種樸實的蓑衣、竹笠和竹衣都遠離我們而去，
很難再見，要看這種造型，
只有留在古裝武俠片中。

樹皮

海南島中部五指山黎族苗族自治縣，
還有懂製作樹皮衣的老人，
樹皮衣已有四千至五千年的歷史，
是由含有劇毒、見血封喉的樹皮製成。
製作工序是先用拍打的方法脫樹皮，
然後水洗清潔，再拍打樹皮使其脫膠，
曬乾後再拍打使其更柔軟，
就可縫製衣服。
樹皮衣質感粗硬，成品有點像盔甲，
因為帶有毒性，所以不怕蛇蟲鼠蟻的破壞，
是名副其實的以毒攻毒。

麻和葛

披麻帶孝是現今人們對麻的直接聯想，
其實麻在中國遠古時期和喪葬是沒直接關係的，
在西安半坡遺址中就發現不少陶片上留下麻織物的印痕，
說明中國最少在六千多年前已有成熟的麻織物。
麻和葛是人類最早利用在紡織的植物，
它們的纖維堅韌而長，
製成織物則透氣性好，散熱快，
所以古人夏日都是以麻和葛為主要服裝材料。
粗大麻衣稱為布衣，
長期為低層百姓所用，
以致布衣成了庶民的代名詞。

棉

中國古人在服裝紡織上懂得利用麻、葛、絲之後，
又掌握了通過加捻的技術，
把纖維續接加長，
引用到棉花這種短纖維植物上，
才開始人工培植棉花。
很長時期最先進的棉紡技術都不在中原漢族，
而是在海南島黎族，
直到元朝黃道婆來到海南，
把學懂的棉紡技術引進中原，才促使棉在漢族中流行，
更對後來藍印花布的出現有著重要的影響。
如今棉是現代服裝的主要材料，比麻和葛還要普及，
其實棉在中國普及的時間相對是短的。

8

紋樣

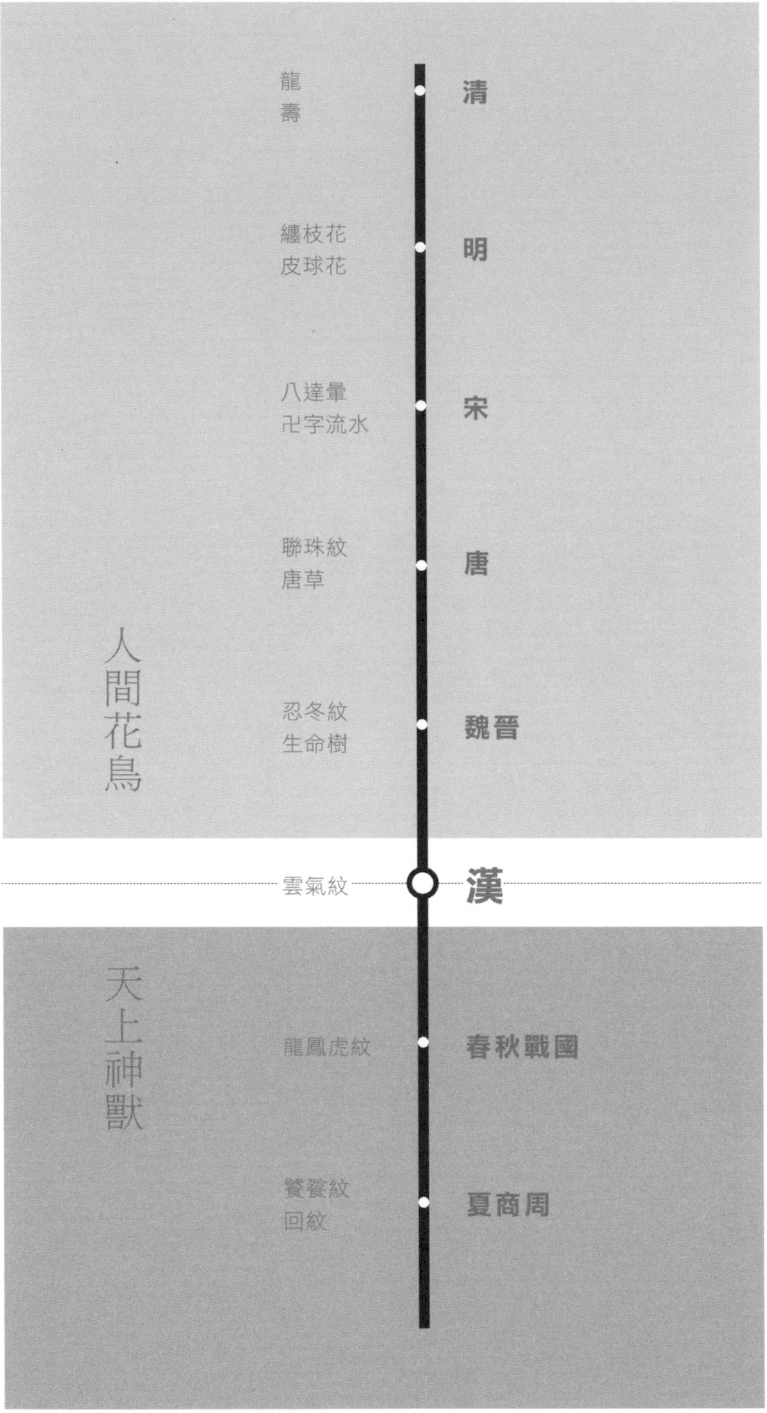
龍
壽
清
纏枝花
皮球花
明
八達暈
卍字流水
宋
聯珠紋
唐草
唐
人間花鳥
忍冬紋
生命樹
魏晉
雲氣紋
漢
天上神獸
龍鳳虎紋
春秋戰國
饕餮紋
回紋
夏商周

天上神獸

敬畏自然

先民對世界的思維是模糊的，非邏輯性的，
他們猜想在自然界有一個強大的力量支配萬物，
這個力量被先民想像成一個神物，
它是獸和神的混合體，
具有威嚇、辟邪和庇護的力量。
遠古時候最具代表性的神獸是饕餮，
此外還有龍、鳳、麒麟等，都是幻想出來的。
神獸的誕生最初不純是為了藝術性，
而是有其功利的一面，
統治者把神獸繡在衣服上，
借助神獸的威嚇性和神秘感，
使權力得以穩固。

越來越胖的龍

先民把各種動物的優點混合一起，創造了龍，
龍擁有蛇身、魚尾、馬頭、鹿角、虎掌和鱷爪。
宋以前龍多與虎結合，如龍爭虎鬥、龍精虎猛等，表示威武之意；
宋以後多表示天子，成為皇權的象徵，從此高高在上。
清代龍有很多不同的造型，正面龍、側面龍、團龍和蟠龍，
足有三、四和五爪，但只有天子能繡五爪，稱龍袍，官服中繡四爪的稱蟒袍，
清代之後龍返回民間，成為吉祥和喜慶的象徵。
龍最初以蛇形出現，春秋戰國後背上長了翅膀，
變成飛龍，此時龍身多似獸形。
唐代有龍珠，獨龍吐珠、雙龍戲珠的圖案，多為三爪，
宋代龍角分叉似鹿角，多為四爪和五爪，龍身又變回蛇形，
明清龍身軀較粗壯，眼大而圓，眸睛突出，造型更為繁複累贅，
還出現卷曲成團的團龍和盤卷在物件上的蟠龍。

夏商周

早期的紋樣反映先民對大自然的敬畏，
雲和雷都是拜祭的重要對象。
由於原始社會工具簡陋，
圖案多為單線形式的幾何圖案，
有回紋、井字紋、
菱形紋等，
其中以回紋在服飾中最為突出，
另外神獸饕餮也是這時代的代表紋樣。

饕餮紋　饕餮是傳說中
一種貪吃無厭的惡獸，
最後連自己身體也吃掉，
只剩下一個頭。

回紋　圓形回轉為雲紋，
方形回轉為雷紋，
後人將雲紋和雷紋一律統稱為回紋。
回紋很可能是古人製陶時，
留下在陶上的手指紋所啟發而成的。

春秋戰國

春秋戰國時期，
天和神在人們觀念中仍有強大的影響力，
各種動物在繼承傳統的基礎上，
加以變化和發展。

龍鳳虎紋　湖北江陵出土的龍鳳虎紋織物，
是鳳紋、龍紋與虎紋結合，
或與花枝相對，
龍展翅揚足，
鳳突出美麗的羽翼。

漢

對以農業為主的漢民族而言，雨水非常重要，
因此自古有祭雲的活動，並非常重視，
此時雲紋以氣的形態出現，
實與當時思想觀念相配合。
漢代流行神仙嚮往，追求長生不老，
行雲流水式的雲氣紋便成了漢代紋樣的代表。

雲氣紋　上下波動，起伏連綿如雲氣，
而且在紋樣之間還安排了具有吉祥含意的文字，
如延年益壽、萬世如意、長樂明光等。
雲氣紋與神仙思想有關，
寓意神界、人間與自然三者的關係。

人間花鳥

關切世俗

早期紋樣以動物為主，
花紋只作配角用，
到了魏晉花紋才被大量使用，
先民從此更關注世俗人間，
利用諧音、比喻或借形，
賦予花鳥魚蟲吉祥寓意。
菊花寓意長壽，菊花與水仙一起寓意神仙長壽，
牡丹寓意富貴，牡丹與海棠一起寓意滿堂富貴，
蝠寓意福，松竹梅寓意歲寒三友，
魚繁殖力強，寓意傳宗接代，魚和餘同音，
又寓意年年有餘，
總之圖必有意，意必吉祥。

魏晉

民族大融合加上佛教傳入，魏晉紋樣吸取大量西域特色，如蓮花紋和忍冬紋，還有吸取波斯的元素如獅子、大象和生命樹。

忍冬紋　忍冬草是一種藤蔓植物，看似脆弱的忍冬草，卻在嚴寒中堅忍不拔地遍布山野，因此得名忍冬草。忍冬紋多以三瓣或四瓣葉組成，有正面、側面或反葉的變化，多被作為邊緣裝飾。

生命樹　極度平面化的設計，以菱形小點為裝飾的生命樹很像一片葉，一串串生命樹重複並列橫排在一起，具有古代阿拉伯裝飾紋樣特徵，生命樹是神聖真主的聖樹。

唐

唐代進一步受外來文化影響，
異國情調濃厚，
如受波斯對稱式設計影響的聯珠紋，
造型華麗，
主紋突出，
對稱組合，用色飽和，
對比強烈。

聯珠紋　由許多小圓點作長圓形組成，
有呈橫排或直排，
也有四面相聯，
相聯的交切處再飾以小圓珠、方塊或花朵，

聯珠紋中央飾以鳥類、走獸或家禽，
其中以新疆吐魯番出土的豬頭聯珠紋最為特別有趣。

唐草　唐草是呈卷草狀向左右或上下伸延的一種花草紋，
唐草，即蔓生的草，其枝莖滋長延伸、蔓蔓不斷，
具茂盛、長久的吉祥寓意，
經印度隨佛教傳入中國。
唐代進一步發展成波狀卷曲，活潑流暢，
弧線優美，
成為現今最具代表性的中國紋樣之一，
唐草絕對是世界文化交流融合下的美麗結晶。

宋

宋代的紋樣走向民間世俗化，
花鳥圖案特別多。
宋紋不像唐代活潑熱情，
色彩也不再華麗貴族，整體傾向恬淡典雅，
吉祥是重要主題，
其中寓意吉祥的八達暈和卍字流水，
對後代有很大影響。

八達暈　中心為八面形，向四方八面伸延，
形成網狀的圖案，
八達暈有很多不同的變化，
效果繁複華美，

八達暈寓意四通八達，具有吉祥之意，
是宋錦的重要紋樣。

卍字流水　卍字流水是以卍字相連向四方發展的連續圖案，
卍字與佛教有密切關係，但不是佛教所創，
而是一種世界性符號，
遠古中國和古埃及都有發現使用。
唐代武則天將卍字讀為萬，
卍字是吉祥符號，寓意萬字不到頭，
是好運的象徵。
古代卍字左旋和右旋都有，但佛教一般寫作左旋，
與卍字相似的納粹黨標誌則是右旋並傾斜四十五度，
是有區別的。

明

明代紋樣幾乎圖必有意，意必吉祥，各種人物、花鳥和百獸都有，利用寓意、比擬、諧音方法，造型繁複，華麗飽滿，反映人們將美好生活的願望都寄託其中。

纏枝花　纏枝花是以花莖呈波狀卷曲，連綿不斷地穿插纏繞。纏枝花又稱長青藤，不同的纏枝花有不同的名稱，如纏枝牡丹、纏枝蓮、纏枝菊等。

皮球花　以圓形作為花朵造型，形狀似皮球，圓形有大有小，有單獨也有相聯，早期只作點綴，填補空間之用，後來才發展成以單獨形式作主紋，宋代時稱球路，明代則稱皮球花。

清

吉祥圖案在清代得到極致發展，不像明代單體型的吉祥圖案，而是組合式居多，即多種內容組合成一個整體，如福祿壽喜、梅蘭菊竹，龍和燈籠圖案亦隨處可見。清代中期以後，法國宮廷洛可可風格對清代紋樣有很大影響，風格更為艷麗媚俗，繁瑣堆飾，形成中西結合的清代紋樣特色。

龍　在宮廷龍為皇權的象徵，在民間龍則代表美好吉祥，造型上清代龍軀較粗壯，眼大而突出，龍紋繁複累贅，有正面龍、側面龍、團龍和蟠龍不同的造型，足有三爪、四爪和五爪，但只有龍袍才能繡五爪，繡四爪的稱蟒袍。

壽　長壽是每個人的願望，在清代壽紋非常流行，壽字被設計成圓形，造型強烈，壽和龍組合成壽字龍紋團花狀，也有壽桃、壽比南山等吉祥圖案。

9

色彩

穿紅著綠

古人對色彩的認識，
從來沒有抽離
宇宙自然以外，
作純粹的視覺
享受來分析，
而是將色彩
上升為禮教，
將之等級化
和符號化。

黑
白
黃
青
赤

五行色

中國先民根據自然物質——
金、木、水、火、土的變化，
找出與之相對應的象徵色彩：
土的方位為中，色彩為黃，
木的方位為東，色彩為青，
火的方位為南，色彩為赤，
金的方位為西，色彩為白，
水的方位為北，色彩為黑。

在中國傳統文化中，青、赤、黃、白、黑被視為正色，
綠、紅、碧、紫等其他顏色被視為間色，
色彩因此便有了正間等級之別，
儒家的禮制依此演變官制服色，
來區分身分地位的高低。

正色

黑

BLACK 5 U 2X

黑在五行代表北、水的方位，
上古人們感覺到北方天空長時間都顯現神秘的黑色，
認為天上的北極星是天帝的位置，
所以黑色在上古為眾色之首。
古人又將北方稱玄天，
玄泛指黑色，
相傳夏代和秦代皆尚黑，
舉國上下流行黑色衣服。
但佛教盛行之後，黑色地位有變，
佛教經常將黑色與罪惡放在一起，
黑色遂成了貶義。

玄　黑中帶紅，玄衣纁裳在上古是祭服用色。

BLACK 6 U 2X

BLACK 7 U 2X

BLACK 3 U 2X

玄青　發藍的黑，
自古是道教所崇尚的顏色，
道士頭戴玄青色道巾。

烏　本義指烏鴉，烏是暗而淺黑色，
即烏紗帽的顏色。

皂　是以皂斗之殼煮汁染成的黑色，
皂衣就是黑色的衣服，
在北朝為祭服，
在漢代為官吏朝服，
在明代為差役公服，
皂衣在歷代也指軍人、僧人和貧賤者，
即庶民之服。

紅

185 U

WARM RED U 2X

1788U 2X

紅是南方、火的象徵，一切喜慶必選之色，
在古代紅色名目眾多，有赤、丹、紅、朱、緋、絳等，
其中只有赤是五行色中的正色，尊貴的象徵。

赤 赤即今天的紅，色彩飽和奪目，五行色之一，是正色，
中國人自古喜歡大赤，即今天的大紅，認為是吉祥的象徵，
清朝皇帝祭祀必須穿大紅色朝服，惟紅雖被視為尊貴之色，
但在明代之前並未於民間廣泛流行，
到了近代才成為一切喜慶、過年和新婚日子必選的服色。

丹 丹是略淺於赤的紅色，在古代指朱砂，是天然礦物染料，
唐詩中有句「雕題辭風闕，丹服出金門」，就有提到丹服。

紅 古時指淺紅色，是赤白混合的間色，與今天的紅色定義不同。

1797U　485U 2X　WARM RED U　165U 2X

朱　朱是紅中帶黃的顏色，
就是人們常說的朱紅色。
朱以天然礦物朱砂製成，色澤艷麗明亮，
是古代科舉狀元紅袍的用色，
民間亦視為吉祥喜慶的色彩。

緋　紅中帶橙，在官服服色中居於前列，唐朝四品和五品用緋，
宋朝一至四品也用緋色，可見緋的尊貴地位。

絳　絳衣是指深紅色衣服，也可指古代武士的軍服，
由絳草或茜草等染成，故得名。

殷紅　紅中帶黑，即暗紅色，唐代元稹詩中有
「殷紅淺碧淚衣裳，取次梳頭暗淡妝」，就有提及此色。

YELLOW U 2X

黃

在上古天玄地黃概念下，
先民崇拜土地進而崇拜黃色，
在五行中把黃色定為中心正色，象徵大地。
黃色也是中國人的膚色，
從漢代開始，黃色作為朝服正色，
到了唐代甚至成了皇家專用色，
禁平民使用，
這規定一直沿用至清朝滅亡，
長達一千餘年。
例外的是和尚不禁黃，
因為元朝時皇帝賜黃，
導致僧人法服以黃為尊。

明黃　純度高，清皇帝朝服多用明黃色。

緗　緗是帶綠的淺黃色，
俗稱香色，
清皇太子朝服用色。

蛋黃　清正黃旗盔甲用色。

赭黃　赭土染成，
黃中帶赤的顏色，
是皇帝專用色，
赭黃袍是唐代皇帝所穿的常服。

青

3135 U

青在古代有幾個意思，可指帶綠的藍色、黑色和白色，
一般來說指介於綠與藍之間的色彩，是五行色之一，
象徵東方、木。

青衿是周朝讀書人穿的衣服，
《詩經》曰「青青子衿，悠悠我心」，
後世青衫成為讀書人的標誌，晉代前青色還是高貴的象徵。
到了唐代青色衰落了，青衣成了地位低下者的代名詞，
上流社會都不穿青色的服飾，
但青色在文人眼裡另有一番清高的意味，
李白號青蓮居士，
到了清代不論官位品級高低，公服一律是藍色的，
清代給了藍色一個尊貴的地位。

青　唐朝規定八品和九品官服為青色，

2738 U　2717 U　636 U　286 U

青袍、青衫、青衣同樣可指讀書人或地位低微的人，
但青袍又可指黑色的僧侶布袍。

靛藍　在上古時期藍只是植物名，中古後才作顏色名，
靛藍色是從藍草提取靛藍染成，
藍比青深一點，兩者的色相很接近，
所以古人用青字的地方，往往也用藍字代替，反之亦然。
靛藍常用於民間的藍印花布，效果清雅脫俗。

淡青　淺藍色，明代規定貧民階層只能穿淡青棉麻布衣。

花青　色寒冷，泛古意，民間讀書人和僧人服色。

紺　帶紅的深青色，清代貴族男子的馬褂用色。

2757 U　BLUE 072 U　PRO BLUE U 2X

藏藍　近黑的深藍色，
有紅色成分，
深沉肅穆，
清貴族和百姓普遍服色。

寶藍　有光澤感，
常與金色和白色搭配，
貴族常用寶藍綢緞作底色，
上面用五彩金銀絲線刺繡作華服。

碧　是深青色，
名稱來自玉石，
帶有晶瑩透徹的意味。

5455 C

COOL GRAY 1 C

白

白色在現今社會很容易令人聯想成凶喪之色，不祥之象徵，可是在上古時期並不是這樣的，白色地位崇高，是五行色之一，象徵西方、金，白色在古代與黑關係緊密，太極兩儀之色就是陰黑和陽白。古代絲染業以素代稱白，素即白色的素絹，蒙古族也尚白，喜歡穿白袍白靴。

白　五行色之西方，白衣指平民服或未取得功名的讀書人。

縞色　略帶黃的白色，指未經練染的本色生絹。

月白　指青白色的絲織品，清皇帝祭月時必須穿月白。

間色

紫

667 U

在古時紫色為不正之色，受排擠之色，
子曰「惡紫之奪朱」也，
可見孔孟對紫色的厭惡。
可是戰國時期齊桓公不理禮教的約束，
特別喜歡穿紫色衣服，
一時間臣民爭相效仿，
成為時尚，流傳佳話。
紫色在人民的觀念也起了變化，
在漢代以後甚至被作為珍稀的極色，
在唐代紫色更是三品以上官服的用色，
紫衣狐裘從此成為貴族的代名詞。

藕　淺紫中帶灰色。

524 U

5115 U

520 U

紫氣　初升陽光照射下，
輕柔霧氣的淡紫色調。

紫檀　因紫檀木色而得名，
紫檀木珍貴，
色紫黑如漆，
據說其木百毒不侵，
又能辟邪，
故歷來為帝王將相所愛。

紫藤　豆科藤蔓植物，
紫藤花的顏色。

橙

ORANGE 021 U

151U

橙色介於紅黃之間，
給人光明和華麗的感受，
橙色在官服服色中居於前列，
唐宋四至五品的官服用緋色，即橙色。

赤黃　古代稱之為緹，
緹是絲織品之一，
說明緹跟服裝關係很大。
自隋代起赤黃為皇帝服色，
宋代後更成為皇帝袍專用色。

章丹　色澤火熱艷麗，
高僧服飾。

354 U 2X　3308 U　3727 U　808 U 2X

綠

綠是青與黃混合的間色，在古代是下等的服色，綠衣特指品級卑微的下級官員的服裝。早在漢代，綠幘，即綠頭巾，已是身分卑賤奴隸之專用服飾。元明時期更規定娼妓家的男子需頭戴綠巾，後來更演化成侮辱性的象徵。

綠　唐代貞觀六品和七品的官服用色，宋代七至九品的官服用色，還有明代八品和九品的官服用色。

孔雀綠　色澤似孔雀羽毛而得名，常用在古代絲織品上。

墨綠　色澤古雅含蓄，清乾隆老人服裝色彩。

翡翠綠　色澤像翡翠玉石，植物性染料，古代織錦常用色。

啡

1817U　471U 2X　1615U　188U

啡在古人眼中最初是下賤的色彩，對之十分不屑，特別是啡色調中的赭色，秦漢時期犯人都穿赭色衣。但秦漢之後赭色被提升了很高，一下子由平民升為高官服色，被視為權貴或皇權象徵，成為皇家專用色。

赭　本是紅土，就是今天所說的豬肝色，是一種深色調。

褐　褐是黃黑色，即濃茶的顏色，俗稱茶褐色，也稱棕色，是道士喜歡的顏色。

啡棕　民間老人服色，色苦澀暗淡。

羅漢果褐　常見於漢唐織錦色彩，色暖深沉。

灰

426U　424U　436U　421U

本意指燃燒殘留的顏色，也是長城的顏色。

文人灰　淺灰色，清嘉慶時期文人流行穿此色，象徵文人高雅的氣質。

藕灰　古時普遍使用的服裝面料顏色。

灰鼠　近似灰色松鼠皮毛色而得名，帶光澤感，古代豪門子弟喜用此色的綢緞做衣服，極盡高貴華麗。

墨灰　深灰色，樸素大方，大眾喜用的顏色。

10

日常服

穿衣有道

古時的穿著，
式樣與場合
關係密切，
為求達到實用功能
與社會功能，
不同式樣，
各自分工，
天子至庶民
同樣服從。

漢服

襦

是一種衫身
長不過膝的短衣，
用麻葛製成，
衣袖窄小，
有單夾之分，
流行於東漢前，
可作襯衣或外衣穿，
及後發展成襖，
襦就逐漸消失。
襦是平民百姓的上衣，
平民著短衣
有其實際需要，

長衣對平民來說
不便勞動，
而且也負擔不起，
事實上平民貧困，
麻布衣料也是
很難得的。

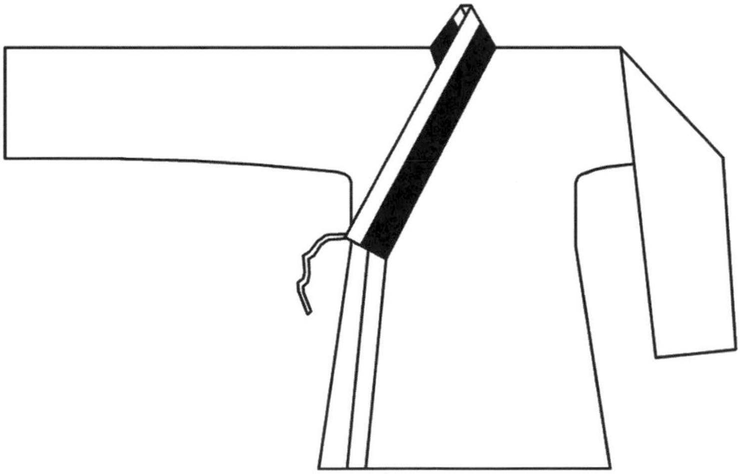

深衣

深衣興起於春秋戰國，是上衣下裳連在一起、再用不同布料作衣沿的服裝形式，其特點是使身體深藏不露，雍容典雅。根據《禮記》所載，深衣的長度、形制，以至針對不同人士穿著皆有規定。短不至露出肌膚，長不至覆往地面。其形制非常講究，如用十二幅布縫製，以與十二個月相應；衣袖作圓形、衣領同曲尺，衣背中縫長至腳後跟，象徵天道之圓融、地道之方正，及人間之正道；從穿衣到行為舉止都要合規矩，也要順應四時之序。此外又規定父母、祖父母健在的，深衣需鑲花紋的邊，父母健在的就鑲青邊，父母不在的則鑲白邊，可見古人對衣服形制與禮制的重視。

你的商業知識都是錯的：不懂思考，再努力也是做白工！

阿拉斯泰爾．德賴柏格(Alastair Dryburgh) 著 定價 290 元

定價應該根據生產成本？
價格必須比競爭者低廉？
淨利是有效的評量標準？
用績效評鑑員工表現是好主意？

如果你對上述問題的回答是YES，或是你沒有把握，請立刻翻開本書，顛覆你過時且要命的舊觀念，千萬別讓你錯誤的商業知識搞砸了你的事業！

勇往直前：我如何拯救星巴克

霍華．舒茲(Howard Schultz) 著 定價 390 元

亞馬遜網路書店選書、《紐約時報》非文學類NO.1
真誠．果斷．勇氣　這是一門課堂上學不到的失敗經驗

星巴克執行長舒茲慨然分享自己重新掌舵企業營運的精采故事，書中撰述他領導星巴克持續轉型的過程，也披露星巴克如何在有史以來經濟最混亂的時期再度獲利、邁向永續經營，以坦率直言的筆調，記錄一個品牌和一名商人邁向成熟的故事。

安藤忠雄：我的人生履歷書

安藤忠雄(Ando Tadao) 著 定價 360 元

沒有學歷、沒有人脈、在大阪工廠區長大，
自學、自立走出日本在世界發光，成為知名建築家。
本書是建築家安藤忠雄七十年人生奮鬥的履歷，
在惶惶不安的年代，可做為跨越難關的指南。

安藤忠雄認為：「青春不是人生的一段時光，青春是一種心境。」本書闡述安藤忠雄不斷與現實對抗的建築家工作真實面貌，娓娓述說人生中的良師益友和家庭故事，也期盼年輕人永遠保持不服輸的精神和學習熱誠。

設計思考改造世界

提姆・布朗(Tim Brown) 著 定價 360 元

Design 打動人心，設計不只關乎風格
Design ＋ Thinking ＝用設計思考轉動世界
善用設計思考，以創意解決難題

享譽國際的創新設計公司IDEO執行長提姆·布朗認為，設計不只是創造漂亮的物品和美化周遭環境；如何看出別人眼前的複雜混亂，從看似無關的碎片中綜合出新想法，化問題為機會，就是設計的價值。這本洋溢活力、啟發靈感的指南，是準備迎接今日挑戰以創造明日機會者的必讀之書。

設計型思考

漢寶德 著 定價 350 元

漢寶德大聲疾呼：「設計是用來解決問題！」

首部為國人打造「設計型思考」的專書，漢寶德以台灣本土案例為借鏡，貫穿文創產業、都更、國宅興建、教育問題等，大膽爬梳從台灣社會觀察到的百態與弊端，從創意的理性與感性，漫談到生活觀點的邏輯思考，為國人闡述應重視與理解的文化現象，期望能為年輕人提供走入設計型思考的第一課！

改變世界的觀念

費利普・費爾南德-阿梅斯托
(Felipe Fernandez-Armesto) 著 定價 900 元

以年代為序，書中介紹自文明肇始以來，構成我們這個世界的重要歷史和哲學思想。從食人思想到科技時代，從時間到無意識，從邏輯到無序論：世界上最重要的175個思想如晶體一樣清晰地展現在讀者面前，本書突出各原創思想之間的關聯，也提供了多位專家觀點，有助於人文視野的啟發。

「設計」始終源自於 人性
從 組織運籌 到 制勝市場

簡單，是一種設計概念
也是打造成功企業的核心價值觀！

© Doug Schneider

設計人都推崇的 iMac、稱霸行動通訊的 iPhone
蘋果（Apple），受到世界媒體關注的品牌
它的成功，就在於「簡單」！

西格爾以與賈伯斯謀事的貼身經驗，分享蘋果產品稱霸IT產業的關鍵：

- 開好會議的原則：把最不需要的人請出會議室。
- 小團隊準則：人員關係會更好，但務必個個是菁英。
- 打破層級制度，摧毀僵化體制：基層人員的提案容易出現另類的創意。
- 簡化目標：堅信顧客只想要買一個很棒的商品，沒有其他繁贅的需求。
- 行動派的思維：將創意思考專注在明確的目標上，降低外在的干擾。

本書分享：如何善用簡單思維，打造非凡成就！
是一本適合各領域職場的員工、老闆一起共讀的工作進化書！

【Profile】**肯恩·西格爾**　(Ken Segall)

曾任賈伯斯自創的NeXT公司，以及蘋果電腦的廣告公司創意總監，與賈伯斯密切合作過。他是蘋果的經典廣告《另類思維》（*Think Different*）的創作小組成員之一，負責蘋果公司部分最受歡迎的「i 系列」產品發想。此外，西格爾也曾以創意總監的身分服務過IBM、英特爾、戴爾電腦和BMW。

他在kensegall.com/blog部落格裡發表諸多與科技及行銷有關的文章，常悠遊在scoopertino.com網站。歡迎上推特追蹤西格爾的動態：@ksegall。

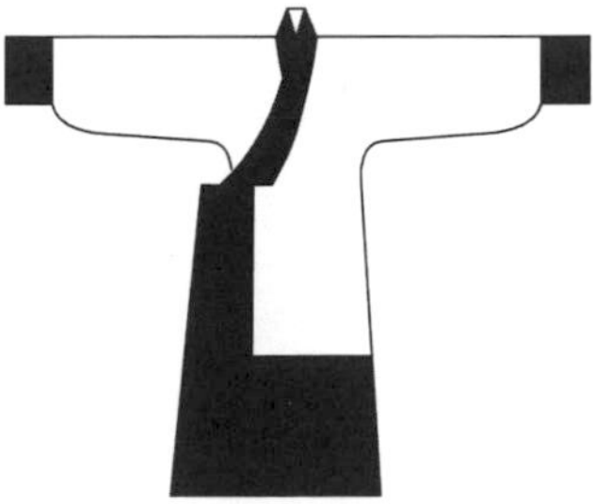

曲裾深衣　正因為深衣上衣下裳連屬，又衣長至足，如不開叉，會影響走路，但開叉卻容易將下體暴露在外，因為當時內衣仍不完備，褲都是無襠的，相應辦法是前左幅以三角形向橫加長，長度足以繞至背後，甚至有更長的，足以繞身數圈，像包粽子一樣把身體緊緊包裹。古人稱衣襟下擺為裾，而深衣繞至背後的三角形，下擺是不平直的，故稱曲裾，名字曲裾深衣就是這意思。

直裾深衣　到了漢代已採用合襠褲，下體暴露的問題已不存在，這時再沒必要使用曲裾深衣了，所以人們採用了直裾深衣，即衣襟相交後垂直而下，這種直裾深衣又名襜褕，最初只在民間流行作便服使用，在西漢晚期發展成禮服，後再變成朝服。

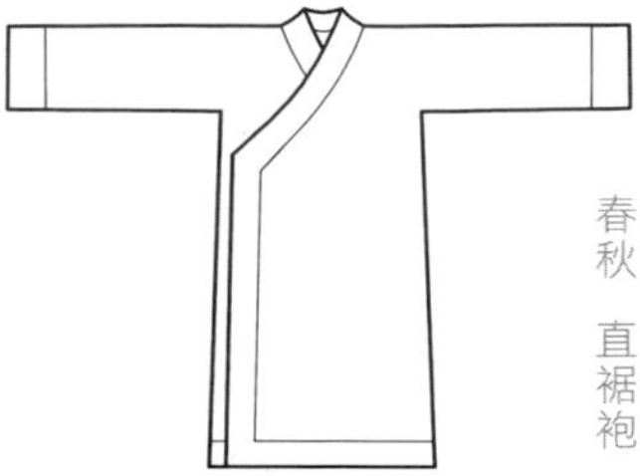

春秋　直裾袍

袍

袍為長衣的統稱，長度過膝，
本是少數民族服裝，春秋戰國後流行於中原，
漸漸成為中原主流服裝，取代了深衣作為外衣的位置，
是中國歷史上最有生命力的服裝款式。

春秋戰國　春秋戰國的袍是絮有絲棉的長內衣，
富貴人家穿著時外面必須套上正式的外衣。

漢　袍到了漢代演變成外衣，後來更不論是否絮棉，
都稱之為袍，無絮棉的袍和直裾深衣在形制上差別不大，
後來兩者合而為一，發展成外穿的袍，
從此袍由內衣正式成為外衣。

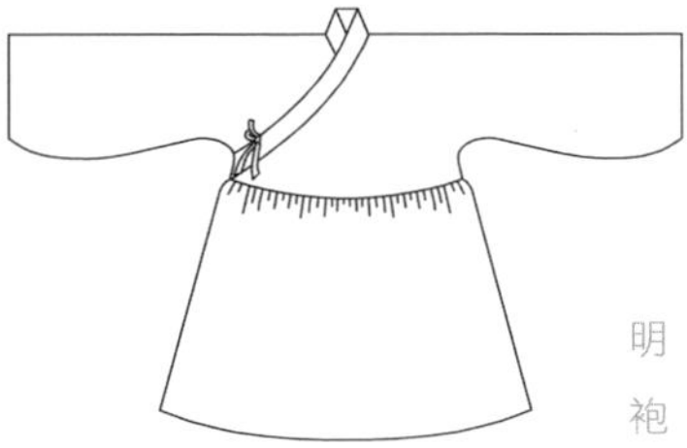

明袍

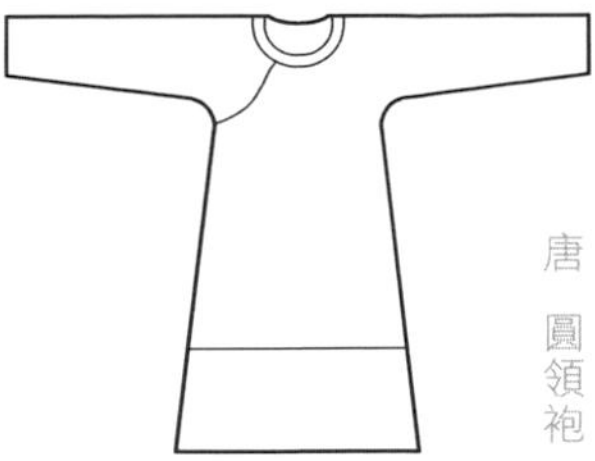

唐圓領袍

唐　唐袍演變成圓領窄袖，下擺有拼接，稱為橫襴，一直沿用至宋代。

明　明袍受少數民族服裝影響，腰間有很多密褶，下擺A形散開似裙。

清　清代最特別是加上箭袖和缺襟設計，常用五彩織繡。

民國　箭袖已不再使用，圓領已被立領所取代，用素色或暗花面料，衫身改為直身，近代常說的長衫馬褂之長衫，實際意思是指長袍。

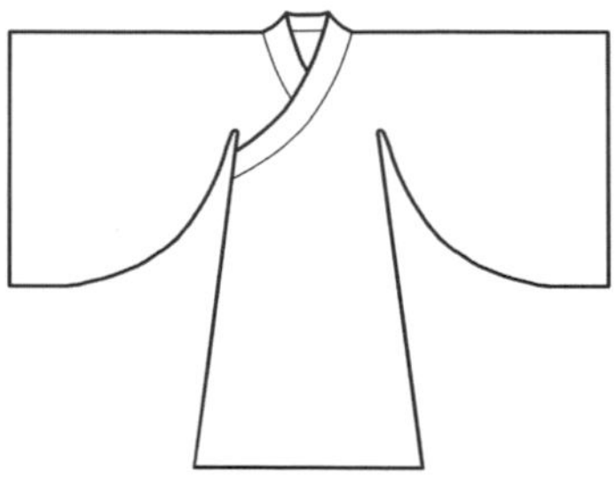

衫

衫是衣袖寬鬆，衣料輕薄，沒有襯裡的單衣，取其涼快，是春夏的衣服，因為輕便隨意，所以是歷代文人喜愛的便服。

衫形成於魏晉時期，衫袖寬大，無袖袪，前中用帶繫縛，多用輕薄的紗羅製成。其代表者是竹林七賢，他們袒胸露腹的形象早已成為魏晉風度，別樹一格。到唐宋時期，一種白色麻布製成的圓領襴衫廣為流行。民國時期流行長衫馬褂，事實上是從清代的袍演變而來的，與衫沒多大關係。

衫和袍的區別　袍本意是保暖的秋冬服，所以多為交領，且有夾裡或絮棉；衫本意是涼快的春夏服，所以衫是單衣。衫和袍最大分別在袖口處，袍的袖口收窄而且加有袪口，衫的袖是不收窄和沒有袪口的，而且衫多為大袖，所以在整體上感覺更為隨意自在，輕薄飄逸。

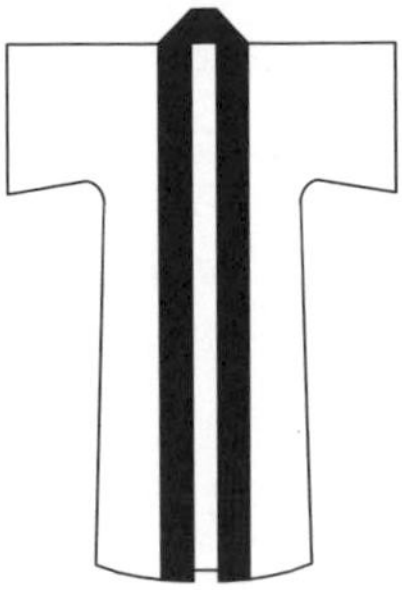

半臂

古代並不是全穿長袖，
從魏晉開始有穿半臂的習慣，
到了唐代更加流行，
多採用對襟，
衣身短小，兩袖寬大，長不掩肘。

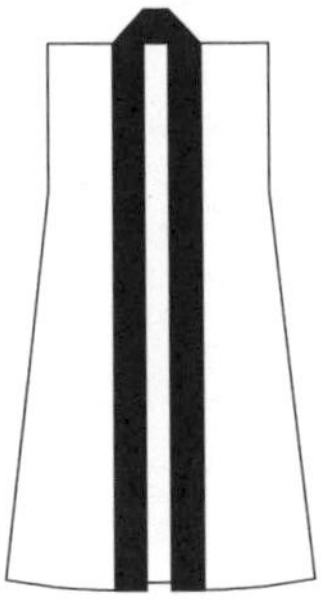

罩甲

罩甲是一種在明代流行的長背心，
無袖，對襟的外衣，左右兩側開長衩至腰，
衣長至腰下或膝下不等，
穿時罩於袍襖之外，故名罩甲。

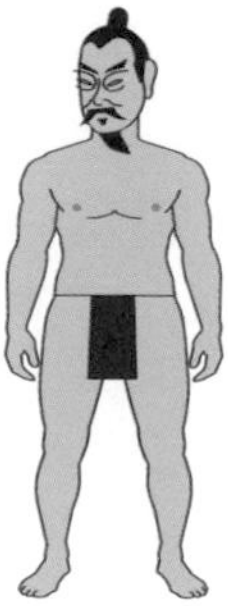

裳

遮羞布　第一件下裳可能就是圍在下腹的遮羞布，
目的是生殖崇拜、遮羞、吸引異性，
還是保護生殖器，眾說紛紜。

芾　遮羞布後來演變成形狀如斧口的寬帶，
繫於腰中，懸掛在裳外。
芾其實是象形字，
以炫示生殖器的碩大。

蔽膝　再後來芾不再是斧口形，
而是漸漸變闊成長條狀，圍繫在裳外，名為蔽膝，
後成為權力的象徵。

裳　商周時期，裳是遮蔽下體的服裝統稱，古時布帛幅寬狹窄，因此裳分前後各一片，前片由三幅布組成，後片由四幅布組成，腰位有褶，另配有腰帶。穿裳要注意舉止，因為裳兩側不相縫，為了避免身體裸露，有失禮儀，臀部必需坐在腳跟上，如雙腿伸開，會被認為是失禮的舉動，古時要端正跪坐與此有關。

圍裳　漢代以後人們已穿合襠褲，裳遮蔽下體的功能消失，因此演變為圍裙式，上端縫有腰帶。圍裙式的裳作為禮服之用，穿在袍之外，一直沿用至明代才消失。

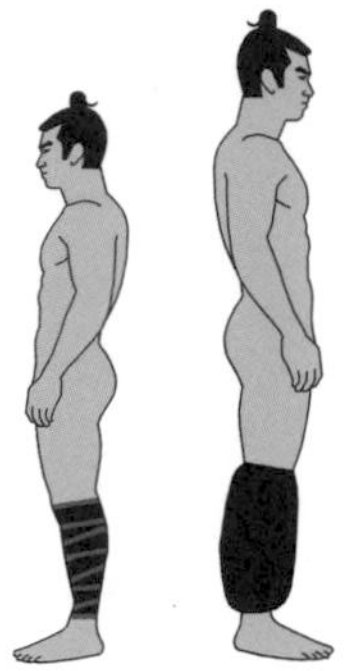

脛衣

漢族服裝早期是沒有褲的，在下裳內只有作為保護小腿的脛衣，
膝蓋以上是無遮蓋的。
脛衣後來發展成開襠褲，兩者的主要目的都是禦寒，穿著時外罩下裳蔽體。
而北方遊牧民族則不同，開襠褲不便於騎射，
故需要保護力更強的合襠褲。
戰國時期趙武靈王推行胡服騎射，把合襠褲引入中原，在軍中首先流行，
然後漸漸普及於民間，最終成為漢服的一部分。
脛衣是一種兩端以帶子綑在小腿上的布筒，
上至膝蓋，下至腳踝，像後世之綁腿。
脛衣在歷史變遷中一直沒有消失，因有助行走跳躍，
並對小腿有保護作用，多為武士和苦力之用，
至今還留存下來，少林寺僧人仍穿著。

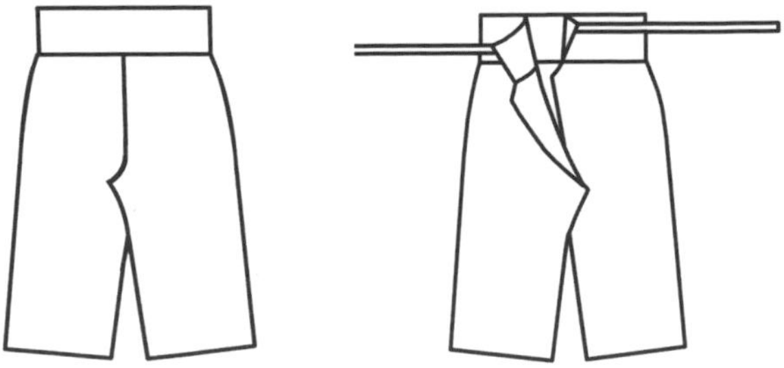

褲

開襠褲　開襠褲古時稱絝，是由脛衣加長發展而成。開襠褲作為保暖之衣，一般貧窮的人是穿不起的，是一種奢侈品，成語紈絝子弟的絝字源於此，後人把它理解為衣著奢華、不務正業的有錢年輕人。

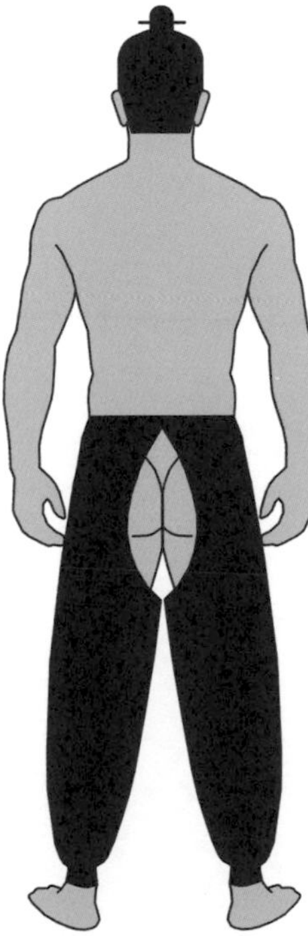

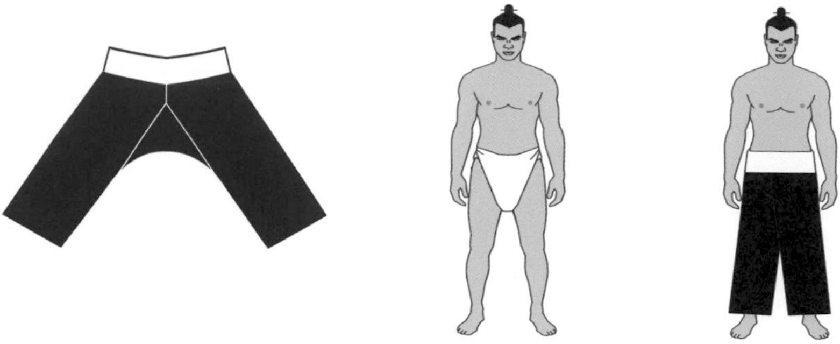

合襠褲

合襠褲古時稱褌，有兩種形制，
一為短式，像今天的三角形內褲，
因為外形關係，故稱犢鼻褌，是販夫走卒的穿著。
另一為長式，作為內衣，是古時富有人家所穿的，
褲管寬闊，無門襟，穿時把褲頭多餘的布摺一下，用腰帶繫起來。
清代合襠褲普遍採用粗棉布，
褲襠和褲腿用同一面料，褲腰用不同色另拼上。
合襠褲有單褲和夾棉褲兩種，歷代合襠褲的製作變化多在拼襠，
有直襠和斜襠，多取決於面料的幅寬。
清代合襠褲襠深腿肥，而民國褲襠漸變小，褲腿較為平直，
直至二十世紀四十年代，西褲開始成為主流，
中國式傳統褲漸漸式微。

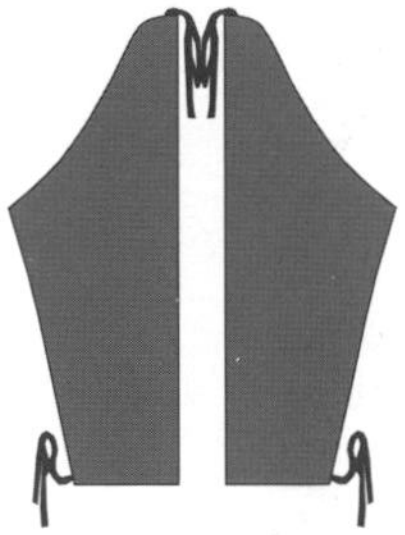

膝褲

宋代以後流行膝褲，
膝褲其實是一種脛衣，
但不像先秦時期的窄小，
緊繫在小腿上，
而是罩在長褲外的褲筒。
清代稱膝褲為套褲，
造型多樣，
清初套褲上下垂直似直筒，
清中葉上寬下窄，
褲腳開叉以帶繫結，
晚清褲筒肥大，前高後低，
穿著時露出臀部和大腿。

胡服

胡服是古代
中原漢人對
西域和北方異族
所穿服裝的統稱，
主要特徵是窄袖短衣
配合襠長褲、
革帶和靴。
另外與漢服的
右衽傳統不同，
胡服有左衽的傳統。

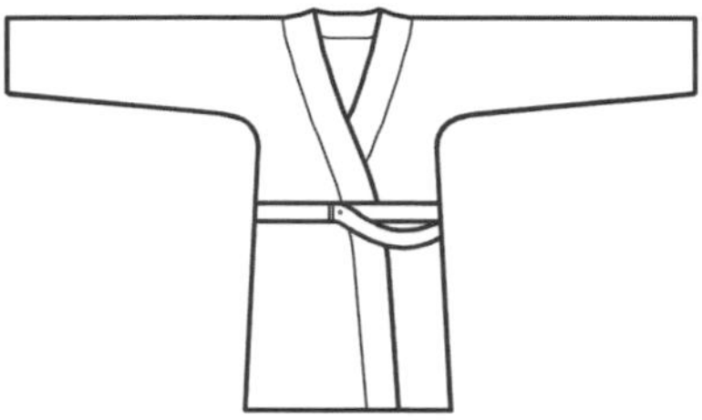

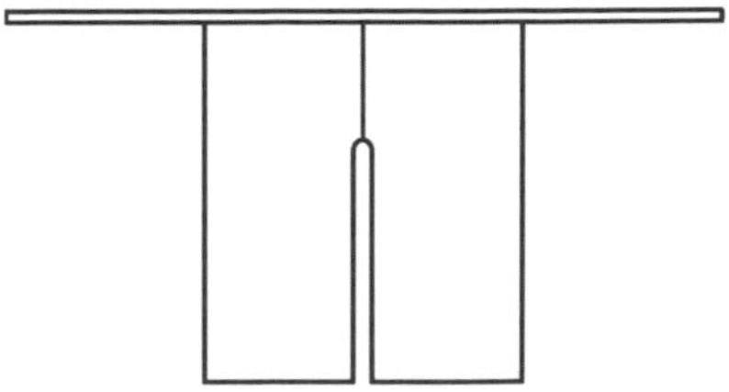

褲褶

是一種在魏晉南北朝
廣為流行的穿法，
由於此時期審美流行寬大，
所以兩隻褲管也特別肥大，
這種褲稱為大口褲，
在膝蓋處有帶子緊緊繫縛，
以便活動，
形狀像現代的喇叭褲，
通常和一種稱褶的
窄上衣相配套，
這種穿法稱為褲褶。

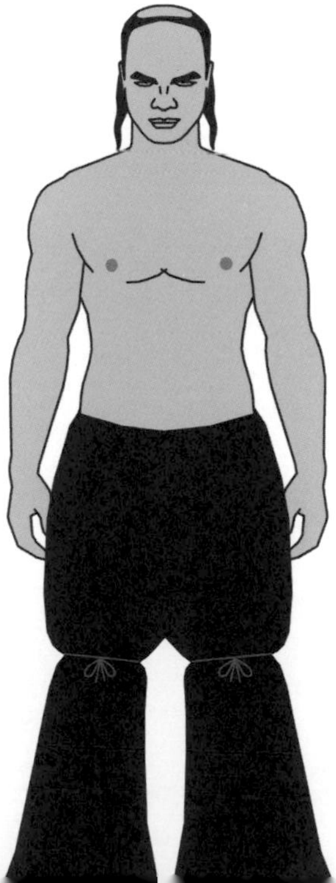

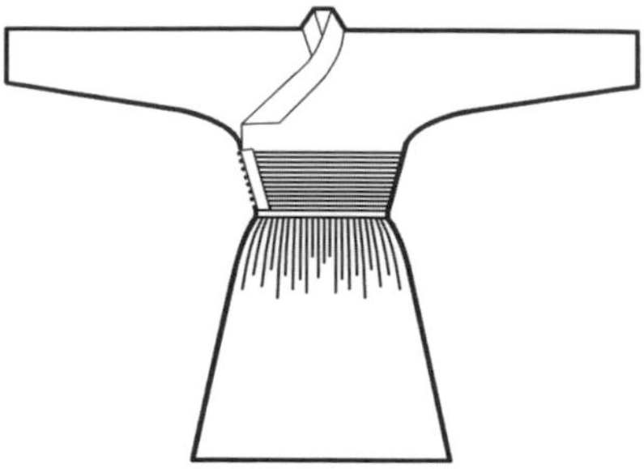

辮線襖子

是一種窄袖短袍，新穎之處是在腰間縫出整齊緊密的橫向褶，褶上縫有鈕扣，另外在低腰處還造出大量細密的亂褶，形成下擺寬大。辮線襖子作為外出騎射之服，是北方遊牧民族特有的設計。

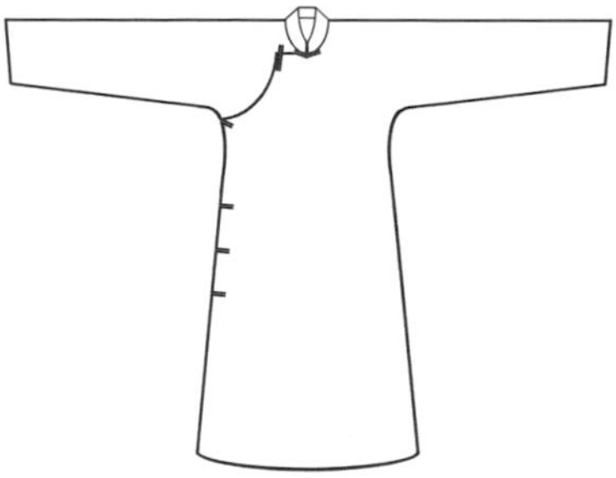

長衫

長衫是民國男子常服的統稱，
又稱袍衫，
從清代的旗袍演變過來。
長衫是企領窄袖，
下長過膝，
兩邊衫腳開叉。

民國長衫和清代袍的區別　民國長衫無箭袖；
民國長衫不用五彩織繡面料，多為素色或暗花；
民國長衫不是圓領，而是企領。

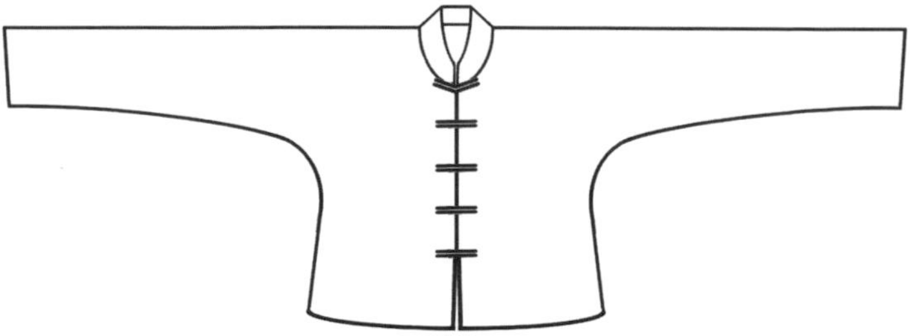

馬褂

馬褂在清代初期是圓領的，即沒有領子，
後來有企領的馬褂慢慢流行，
到了民國大部分馬褂已是有企領的款式了。
民初時期馬褂衣身極短，
比清代時期的更短，
曾被定為禮服，重大社交場合均需穿著。
馬褂兩側和後中都開叉，
衫長至腹，多為五組鈕扣，
短衣高腰的馬褂將穿著者分成上窄下闊兩截，
通常上身的馬褂是深色，
外露下半身的長衫是淺色，
形成特別的風景。

對襟

大襟

馬甲

起源於軍戎服中的裲襠甲，北方稱坎肩，南方稱馬甲，至晚清時已成為主要男服，可作禮服穿。坎肩有對襟、大襟、琵琶襟和一字襟四種，一字襟前幅橫開之門襟上用紐襻七對，另左右腋下各三對，共十三對，所以一字襟又稱十三太保。大襟、琵琶襟和一字襟坎肩在清代十分流行，至民國漸漸減少，民國時期受西方影響，紐襻改為西式鈕扣，袖籠開始變小，加上貼袋，面料也由清代的織金妝彩變為平素暗花，製作也由簡潔代替鑲滾嵌壓。

琵琶襟

一字襟

襖

襖是由襦發展而成的一種冬天短衣，比襦長，但比袍短，襖一般長至胯部，絮了棉的襖俗稱棉襖，有大襟和對襟。襖大約出現在魏晉時期，由北方傳入中原，民國後演變成短襖。棉襖舒適保暖，肥胖外形，很受民間老百姓喜愛。

早期中山裝

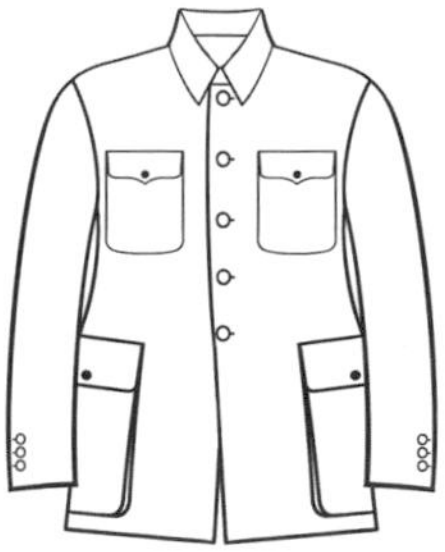

毛式中山裝

中山裝

中山裝以孫中山先生名字命名，
因毛澤東經常穿著，西方人稱中山裝為MAO SUIT，
特點是關閉式八字形領口，裝袖，
上下左右共四個明口袋，有袋蓋，最初前門襟九個鈕扣，
後經過多次修改，最終是五個鈕扣。
中山裝作為民族服裝，有著豐富的政治內涵，
四個口袋代表國之四維，禮義廉恥，
前襟五粒鈕扣代表五權分立，行政、立法、司法、考試和監察權，
袖口三粒鈕扣代表三民主義，民族、民權和民生。
中山裝設計起源有多種說法，
日式學生裝、西式軍裝、南洋華僑企領服，
眾說紛紜，未有定論。

軍大衣

二十世紀八十年代，不分老少，不分階層，
每個人冬天都穿上一件綠色軍用棉大衣。
價廉物美，又暖又輕的軍大衣，
率先由年輕人穿起成為時尚，
及後各級領導、幹部、醫生和教師都跟隨，
並以軍大衣為現代和年輕的象徵。
直到九十年代皮衣流行，
慢慢取替軍大衣成為冬天禦寒服，
一時間軍大衣成了土氣的款式，人們開始捨棄，
但其實它並沒有真正消失，現今走在街上或工地中，
仍然可見到平民百姓穿著。

紅衛兵裝

是一種黃綠色的軍上衣，
最早是軍隊幹部子弟穿著，
他們翻出父輩洗得發白的舊軍裝，並配以紅衛兵臂章，
以示紅色接班人。
後來紅衛兵形象迅速成為青年學生最時髦的打扮，
全套紅衛兵裝形象包括舊軍上衣、舊軍帽、武裝皮帶，
還有不能缺少的軍肩包。

少數民族服

寫在衣服上的歷史

中國由五十六個民族組成，
五十五個是少數民族，
佔全國人口百分之八，
他們住在偏僻的邊疆、
閉塞的高原和海島等，
氣候複雜多變。
他們狩獵、畜牧或農耕，
因地制宜，就地取材，
他們的服飾文化和
宗教信仰有密切關係，
因此服飾成了他們穿在
身上的史書。

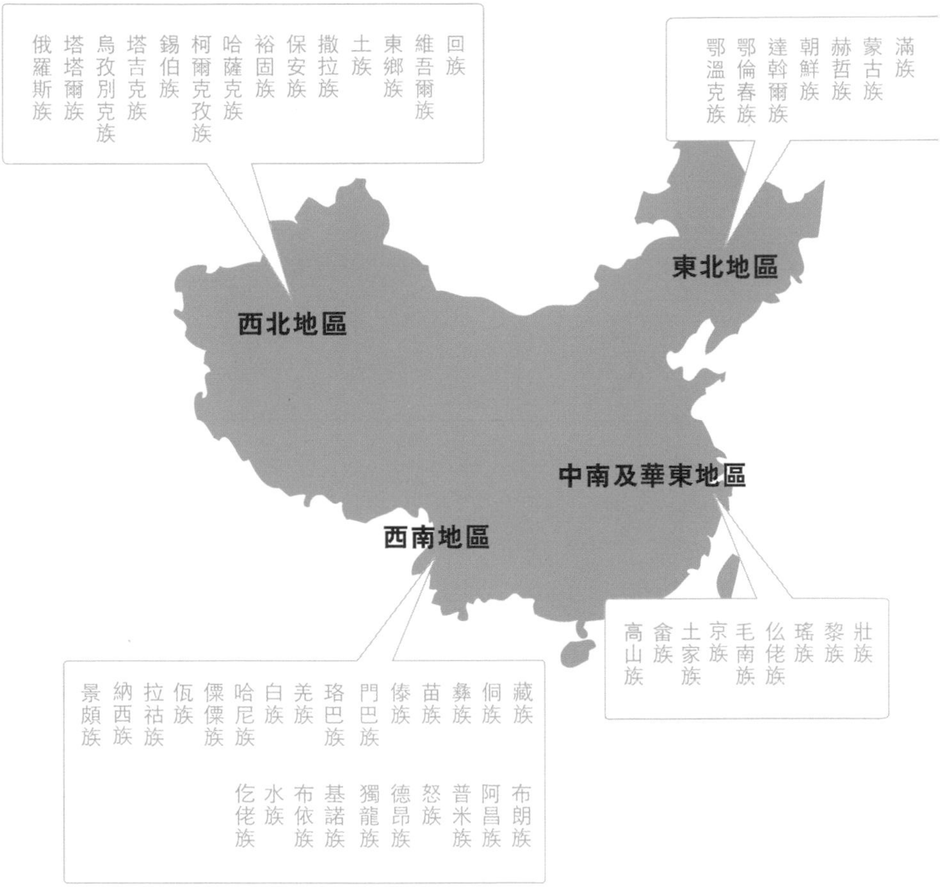
回族
維吾爾族
東鄉族
土族
撒拉族
保安族
裕固族
哈薩克族
柯爾克孜族
錫伯族
塔吉克族
烏孜別克族
塔塔爾族
俄羅斯族
西北地區
滿族
蒙古族
赫哲族
朝鮮族
達斡爾族
鄂倫春族
鄂溫克族
東北地區
中南及華東地區
壯族
黎族
瑤族
仫佬族
毛南族
京族
土家族
畲族
高山族
西南地區
藏族
侗族
彝族
苗族
傣族
門巴族
珞巴族
羌族
白族
哈尼族
傈僳族
佤族
拉祜族
納西族
景頗族
布朗族
阿昌族
普米族
怒族
德昂族
獨龍族
基諾族
布依族
水族
仡佬族

東北地區

滿族　主要集中在遼寧、吉林、黑龍江、河北等省市，信奉薩滿教，先民靠捕獵和網魚為生，現多從事農業。

滿族在清朝曾統治中國，從而對各民族服飾影響深遠。

滿族男子留辮，一年四季都戴帽，上身穿長袍，下身穿褲或套褲，腳踏皮靴。

蒙古族　主要居住在內蒙古自治區，從事畜牧，逐水草而居是蒙古族悠久的生存特色。

元代由傳統的左衽改為右衽，清代後沿用清制服式。

蒙古袍服面料華麗，多用織金錦，

朝鮮族

達斡爾族

鄂倫春族

鄂溫克族

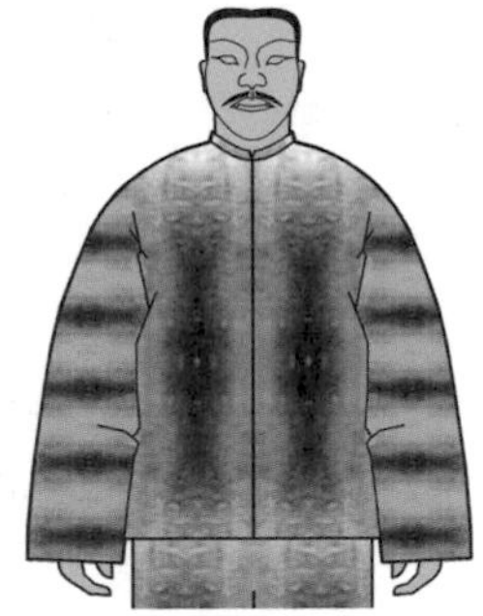

摔跤服裸露胸部，具有強悍風格，
上身穿蝶翅形皮坎肩，鑲銀質鉚釘，
後背有圓形銀鏡或吉祥文字，腰圍寬皮帶，
下穿寬大多褶的白色長褲，外套吊膝。

赫哲族　赫哲族是唯一以捕魚為業的少數民族，
主要居住在黑龍江，信仰薩滿教。
就地取材製成的魚皮衣是赫哲族服飾的特點，
製作過程是先把鮭魚皮完整剝下，去油，
風乾去鱗，用木槌捶軟，
用多塊魚皮拼接成一塊大面料，再裁剪，
最後用魚皮或鹿筋造線縫合。
除了魚皮衣，還有魚皮靴、魚皮帽等，
由於魚皮背部與魚腹深淺色不同，
因此魚皮製品具獨特的漸變色效果。

西北地區

回族　信奉伊斯蘭教的回族主要居住在西北地區，以甘肅、寧夏、青海等地區的回族，穿著最保持傳統特色。回族男子戴小白帽，又稱號帽，無檐，多為白色、黑色或棕色，用布製成，也有用線鈎織而成，外出時再加戴有檐帽，但需露出號帽的白邊。伊斯蘭教規定禮拜磕頭時要前額和鼻尖著地，故戴無檐帽較為適合，教規還不得露頂，

花帽

因此回族人帽不離頭。
回族人身穿白色對襟衫，
外穿一件黑色背心，名為黑夾袷。

維吾爾族　維吾爾族古稱回鶻，
主要居住在天山以南的綠州，
信奉伊斯蘭教。
青年男子穿白色合領襟衣，
領口、前胸、袖口均繡花邊，
外穿維吾爾族最具代表性的寬身長袍合袢，
頭戴花帽，色彩豐富，
用刺繡、編織、鑲嵌等裝飾，
生活在西北地區的維吾爾族，
其服飾充分體現中西文化交融的特色。

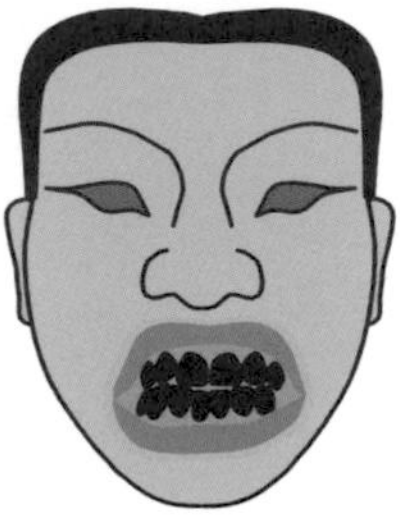

西南地區

侗族　侗族主要居住在湖南、廣西、貴州一帶，從事農業，
男子穿自紡自織自染的侗布。侗布製作是用手工織成布後，
用靛藍浸染三四次，清洗曬乾，布變成深藍色後，
將柿子皮、猴栗皮、朱砂根塊等，搗爛擠汁染成青色，
又用靛藍繼續染多次，布變成帶紅的黑，
將布晾乾後疊在一起，塗抹蛋清並用木槌反覆捶打，
直至閃閃發亮，最後用牛皮熬膠漿染一遍，可使硬挺不褪色。
侗族男子一身閃閃發光的黑侗布，
加上繡有太陽紋符號，非常有魅力。

傣族　傣族近一半人口聚居於西雙版納和德宏，
群山環抱的亞熱帶河谷，從事農業，

門巴族

珞巴族

羌族

白族

哈尼族

信奉小乘佛教，佛教在傣族人服飾上起了很大影響。傣族先民把牙齒塗黑為美，把文字紋在身上，有的在胸前紋上佛塔，有的在腿上紋滿經文。傣族男子十歲便被送到佛寺當和尚，少則一年多則十年，黃色袈裟成為每個男子一生的記憶。

苗族　苗族服裝被譽為一本活史書，記載著自己民族的歷史，流傳後世。苗族先民多次戰敗，一次又一次南遷，苗族沒有文字，為了希望日後能重返故土，於是把漫長的南遷經歷轉化，變成顏色和圖案，比如南遷過程中過一條河，便繡一條黃色線，轉過草原繡一條綠色線，戰敗一次，繡一圖案，因此在漫長的南遷過程後，形成密密麻麻的色彩和圖案，同時亦成為一本悲壯的活史書。

傈僳族　佤族　拉祜族　納西族　景頗族

天菩薩

英雄髻

彝族　彝族支系繁多，主要居住在四川、雲南、貴州和廣西，其中以四川涼山是最大的彝族聚居地。由於長期處於封閉狀態，二十世紀五十年代前還是奴隸制度，故保留傳統特色最多，服飾最有代表性。涼山彝族男子頭頂蓄髮，俗稱天菩薩，或纏黑頭帕裹成尖錐狀，斜插頭帕端，俗稱英雄髻，左耳戴蜜蠟珠，以無鬚為美，用斗篷式的羊毛披氈察爾瓦。

藏族　主要居住在西藏、四川、青海、甘肅、
雲南五個地區，從事農耕和畜牧，信奉喇嘛教。
文成公主遠嫁西藏，促使西藏與漢服飾交融，
從此西藏貴族去掉氈裘，改穿絹綺，
清朝時期受滿清影響服飾更趨華麗和繁複。
藏族的康巴和安多地區的男子服飾最華麗，
華麗的穿著表現人們已將最初以功能為主，
轉化為炫耀財富和地位。
康巴男子穿織金緞長袍，
袍身寬大，邊鑲獸皮，袖長拖地，
穿長袍時將下擺提升至膝蓋，脫去兩袖紮於腰，
胸前戴多串粗大瑪瑙項珠；
安多男子盛裝時頭戴狐皮帽或禮帽，
身穿長袍、襟，下擺和袖口都鑲有獸皮，
胸前同樣戴多串項飾。

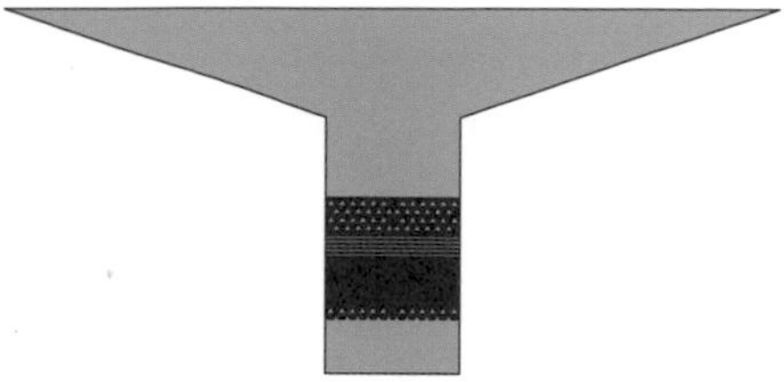

中南地區

壯族　壯族是人口最多的少數民族，大部分居住在廣西壯族自治區。
壯族人尚黑，尤其是黑衣壯，走進黑衣壯境內，
彷彿走進黑色世界，房屋的瓦和木柱子是黑，連家禽也是黑，
黑衣壯男子更是一身黑，黑色前開襟上衣，黑色大褲頭寬腳褲，
裹黑頭巾，一切黑得搶眼，對黑的崇拜與迷戀，
達到了極致，是其他民族沒有的。

黎族　先民橫渡瓊州海峽，遷入海南島，形成單一的民族黎族，
男子上身穿白色或黑色麻布製成的對襟無扣上衣，
下身過去穿著甚為簡單，海南島誌記載，
以一方掩下體，以帶束其前後，繫於腰間，稱為小裹，
另外還有一種丁字褲，

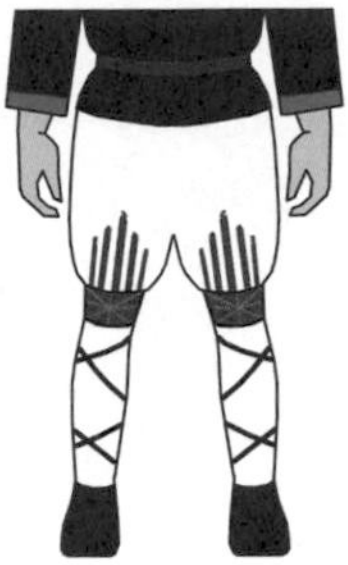

穿著時包住生殖器，因此俗稱保卵褲。
黎族服飾紋樣以龍、蛙等為貴。

瑤族　瑤族是一個遷徙頻繁，分布面廣的民族，
主要居住在廣西、湖南、雲南、廣東及貴州，支系繁多。
其中以廣西丹縣白褲瑤的男子服裝最為特別，
他們穿著雪白色短褲，褲身肥大，褲腳窄小，
在膝處繡有五條紅線，中間長兩邊短。
傳說先民在一次戰爭中，首領受了傷，手指上全是血，
無意中站起來的時候，把五個手指按在褲子上，
結果留下五條紅色血印，
後人為了紀念他們的先民和這段歷史，
就在褲腿上繡上五條紅色線，代代相傳。

11

功能服

垂衣裳而天下治

禮服

祭服

古代祭祀是國家大事，
參加祭祀時天子、公卿、士大夫必須身穿冕服，
頭載冕冠，冕服均是玄衣纁裳，即黑衣紅裳。
衣裳上的圖案和冕旒數目多少是用來區分等級的，
數目越多等級越高，
如當帝王身穿繡有十二章紋的冕服，
頭戴有十二旒的冕冠的時候，
公卿就只能穿九章紋的冕服和九旒的冕冠，
侯伯就穿七章紋的冕服和七旒的冕冠，
如此類推，逐級遞減。
周代冕服作為傳統祭服，歷代沿用，
各朝代雖有修改，但基本形制不變。

冕服

宋　方心曲領

朝服

朝服是帝王、百官上朝議政的服裝，
形制由祭服演變而來，最早的朝服是皮弁服，
上衣下裳制，始於商周，上衣為白色細布，下穿素裳，
因為全身素淨，頭戴的皮弁就有玉石作裝飾，用來區分級別。
至東漢改為上下相連的深衣制，
隨季節轉服色，因多用絳紗製作，故又稱絳紗袍，
腰繫大帶和革帶，配以佩綬來區分尊卑。
宋沿用東漢袍制，
特別之處是在頸項下垂有方心曲領。
清代改為滿清服制的披領，袍裙形式，
夏季袍用緞製作，冬季袍邊緣有皮毛，
朝冠分冬夏兩種形制。

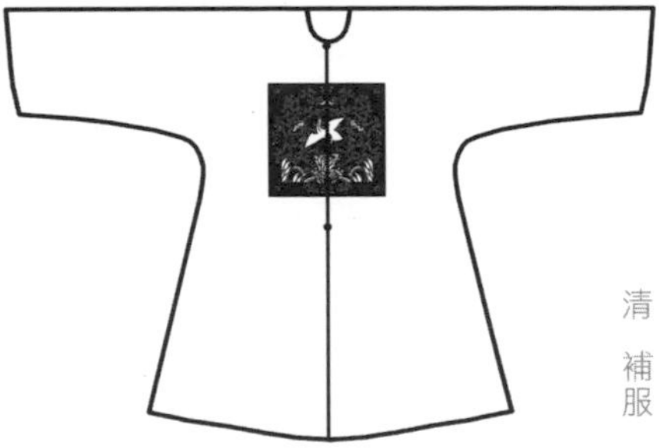

清 補服

公服

公服相等於現代公務員的制服，古代官吏在衙署內處理公務時所穿的服裝，又稱官服，比朝服簡便得多，沒有繁瑣的掛佩，故又稱從省服。

漢時期文官的公服都是玄端，是黑色的，

到了隋代公服開始以顏色來區分官階。

在隋朝五品以上官員穿紫袍，六品以下穿緋袍和綠袍。

唐代公服採用袍制，圓領窄袖，下穿烏皮履，公服顏色分四等，

安史之亂後，在原來服色上分深淺。

宋代用梁冠區分等級，所以不再使用深淺顏色，但仍用紫緋綠青四色制。

元代用紫、緋、綠三色，除顏色外還加上紋樣來區分官階，

一品在衣服上繡大朵花，二品繡小朵花，三品散花，無枝葉，

四至七品皆繡小雜花，八至九品無花紋。

明代用補子區分官階，補子成方形。

清代廢除服色，不論品級高低一律是藍色，補子分圓形和方形兩種。

喪服

在周代喪禮是非常重要的，位置僅次於祭禮，
身有官職的人遇父母之喪，必須辭官回去守孝，
軍中將士遇親喪，無法奔喪者，需穿上黑色喪服，古稱墨衰。
喪服分五等，一等斬衰，二等齊衰，三等大功，
四等小功和五等緦麻，合稱五衰。
五衰最大分別在於材質的粗密和縫邊方式上，
概念是關係越親，衣服面料就越粗疏。
喪服用本色麻布製成，上衣下裳，頭和腰繫麻繩，穿草鞋，
特別處是在左胸處綴一塊小麻布，稱衰，
披麻帶孝就是對喪服形象的概括。
因為漢民族是一個以孝為先的民族，故喪服在服制中最為穩定，
從周代開始，沿用至民國時期。

一等斬衰　用極粗和稀疏的生麻製成，斬衰服是不縫邊的，

左胸處綴一塊小麻布，穿斬衰的關係如兒子為死去的父母，父親為死去的長子，妻子為死去的丈夫，臣子為死去的君王，服期三年，除去本年，實際為兩年。

二等齊衰　用粗麻布製作，縫邊整齊，故稱齊衰，左胸處同樣綴一塊小麻布。

三等大功　用大功布製作，大功布是一種熟麻布，顏色微白，質地比齊衰為細。

四等小功　用麻布製作，質地又比大功為細。

五等緦麻　五衰中最輕，用質地最細的麻布製成。

披麻帶孝

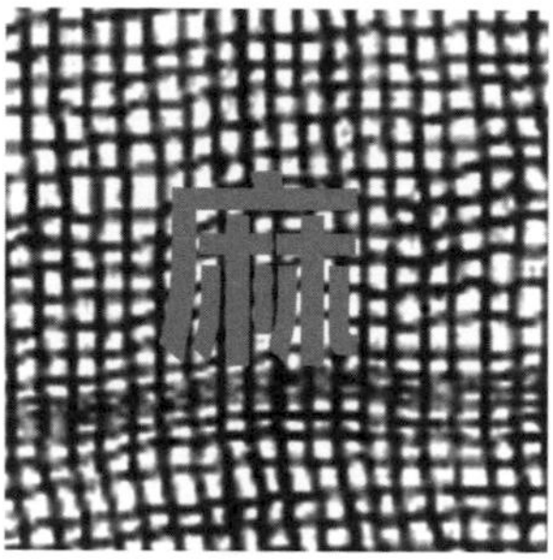

胸前
綴一塊小麻布
名衰

內衣

無衣

豈曰無衣？與子同袍。
王於興師，修我戈矛，與子同仇！
豈曰無衣，與子同澤。
王於興師，修我矛戟，與子偕作！
豈曰無衣，與子同裳。
王於興師，修我甲兵，與子偕行！
——《詩經．秦風》

不要擔心上戰場無衣服穿，
我借給你，
我們共用內衣和汗衫。
國王起兵去打仗，

擦亮長矛和盔甲，
同仇並肩上戰場。

詩中提及的三種衣服，
袍、澤和裳，
在當時都是貼身的內衣，
連這樣私人的都能互用，
除了說明從軍的貧寒，
可見戰友間的深厚感情和慷慨。

褻衣

褻衣是古人對貼身內衣的總稱，在漢代內衣的名稱很多，如紲袢和汗衫。
汗衫名字來源和漢高祖劉邦有關，據說劉邦與楚交戰，後回到帳中，
汗水濕透內衣，劉邦便將其稱為汗衫。
汗衫多為素紗或細葛布製成，取其吸汗，
材料除絲、麻、葛、棉外，還有用細竹切成小段穿綴而成的汗衫，
這種汗衫非常透氣和涼快，多為對襟，衣袖可有可無，衣長至腰。
魏晉時候內衣名為心衣，菱形狀，上端裁平，
前片以布條勾肩至背，與橫襠固定，背後是裸露的。
後來內衣外穿，其形象可在《北齊校書圖》中看到。
元代內衣很特別，內衣兩端縫有四條帶子，
穿時衣身覆蓋前胸，兩邊折向背後用帶子固定。
明清內衣稱兜肚，形狀與心衣類同，
因內衣是非正式的服裝，歷代人們多不願言於口。

內褲

現今的人很難想像在古代中國講求守禮的環境下，
男人很長時間是不穿內褲的。
開始時只是穿裳作蔽體，所以坐姿非常講究，否則春光乍洩。
後來引入北方遊牧民族的褲，中原人才開始穿合襠褲。
古時富貴子弟所穿的內褲為長褲，穿在袍內，
一般情況是看不見的，而且是貼身之物，
人們多不提及。
販夫走卒穿的內褲為短式內褲，
形似當代三角形內褲，故稱犢鼻褌，
因為窮困，
他們也只能把內褲作外褲穿，
形象可在出土的相撲俑看到。

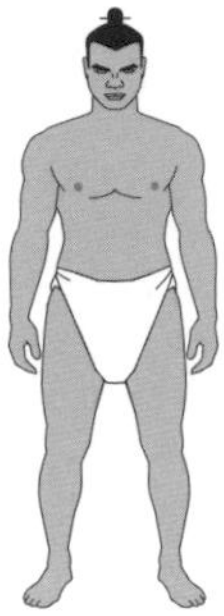

宗教服

佛

原始佛教僧人只能擁有三件衣服，分別是九條衣、七條衣和五條衣，即用九條、七條和五條布條拼成的衣服，把布斷成條狀象徵隔斷對塵世的貪戀。佛教自東漢從印度傳入中國後，漸漸漢化，露出臂膀的印度款式被認為與中國禮教不合，於是便在僧服加上袖子。

法衣　佛教法衣是袈裟，像方形大床單，左肩處綴玉環和金鈎，作扣搭之用。袈裟原意是不正之色，故不能用明亮的色彩，但自從元朝皇帝賞賜黃袈裟後，袈裟就以亮麗的黃色為尊，沿用至今。

常服　僧人的常服是短褂、中褂和長褂。

短褂又稱小褂，屬內衣，中式立領，有四貼兜，長至腰部。
中褂又稱羅漢褂，與小褂形式相同，但長至膝蓋。
小褂和中褂都是常服，一般與中式褲相配，褲腿用腳帶紮緊。
長褂又稱長衫，仿古代袍衫而成。僧人常服特點是在斜襟領上割截成小塊，或將舊衣服的一小塊縫在新衣服上，象徵拋棄對塵世華美事物的貪戀。

道

道教是中國本土宗教，服飾源於中國古代漢服。

道教和佛教的最大不同是髮型，蓄髮是道教外表的一大特徵，道士皈依教門後就一生不會剃髮，蓄髮挽髻體現了中國古代的儒家觀念。

法衣　道教的法衣是披風，對襟大袖，衣襟用長帶繫結。最尊貴的披風叫鶴氅，沒有袖子，呈長方形，披搭在肩上。鶴與道教有密切關係，隨著道教興起，鶴也日漸被神化，所以在最尊貴的鶴氅上，常見繡有鶴的紋樣。

常服　道教的常服是道袍，有對襟和大襟，兩袖寬博，衣長至膝，以麻為主，顏色有黑、灰、褐、青、白等，但以黑白最有道教特色。夏季道袍多為雙層，冬季道袍則納以棉絮。

軍服

古代

春秋以前戰爭以步兵為主，
將軍身披皮甲，
皮甲只有前幅，沒有後幅，
內穿上衣下裳。
士兵的軍服更為簡陋，上衣更短，
沒有皮甲的保護。
秦朝擁有一支威武的軍隊，
他們帶著戰車和兵器，
將軍披著身甲、披膊和前襠，
保護面積大大加強。
披膊和身甲的上半部用整塊皮製成，
身甲下半部用皮甲片編綴，

肩和腰用紅色結帶繫住，
甲還有布帛包邊，身穿絮棉袍和小口褲，腳踏木履。
步兵則披身甲和披膊，
沒有前襠，甲都是由方形皮塊編綴，
身甲甲片是固定的，
披膊甲片是活動的，
甲片用帶連接，
甲表面塗有保護用的紅漆。
漢朝時甲的物料有新發展，
鐵甲取代皮甲，
雖然形制還沿用秦制，
但身甲甲片改為長條形編綴，
前襠甲片改為魚鱗形，
甲表面塗上防銹的黑漆，故稱玄甲。

中世紀

南北朝流行裲襠甲和明光甲，
裲襠甲由胸甲、背甲和腿裙組成，
胸甲和背甲兩側並不相連，
背甲上有兩條帶披掛肩上，由胸甲的帶扣上繫束，
甲由鐵甲片編綴，也有用整塊皮製成，腿裙則是皮製的。
明光甲防護面更大，包括胸甲、披膊、前襠和腿甲，
特點在胸和背部有金屬圓護鏡，護鏡在戰場上反射陽光，
使敵方無法正視自己，達到威嚇的作用。
到盛唐時候，天下太平，明光甲製作越來越精美華麗，
還有在肩上增加獸頭，雖說是用來防禦刀斧等攻擊武器，
其實慢慢脫離實用需要，成為美觀豪華的禮儀服。
宋朝出現了更堅硬的鋼鐵甲，

美觀豪華的宋甲冑是名副其實的重裝，
此時裝備重量可達四十公斤，大大影響了機動性。
元朝成吉思汗的蒙古兵能東征西討全靠騎兵，
作戰時每人配戰馬數匹，
用於晝夜馳騁時輪流坐騎，除身穿精良甲冑外，
還配有火器，成為當時世界上最強悍的軍隊。
元朝從西方學習得來一種鎖子甲，
由多個鐵環互相繫扣而成，
披在身上輕便和活動自如，很適合騎兵的機動性。
隨著火器越來越發達，布甲成為新的防禦裝備，
布甲以棉做表，
內綴鐵甲片，表面釘甲泡，
防禦火器攻擊有很好效果。

明

清

近代

近代

明代進一步發展鎖子甲和布面甲，
鎖子甲包括前甲、背甲、甲袖、腿裙和衛足，都是由鎖子甲片編綴成，
由於重量輕，柔性好，被認為是冷兵器時期最好的甲。
明代布面甲由側襟改成對襟，並增加了腿裙，輕巧而利於水戰。
清軍以八旗騎兵最精鋭，他們身穿輕便布面甲，
甲以棉絮和綢緞製成，表面釘甲泡，中間絮棉，內有鐵甲片，
具有很好的防禦火器攻擊能力。
火器再進一步發展，布面甲最終失去防禦能力，
甲冑純粹成了象徵性的裝飾，閱兵典禮才使用。
十八世紀時外國軍隊開始脱去沉重的甲冑，換上輕便的軍裝，
此時清政府亦廢除甲冑，軍隊作戰只穿戎服，
戎服是馬蹄袖長袍，外罩釘甲泡馬褂，頭戴笠帽。

現代

進入二十世紀，列陣廝殺的作戰方式被淘汰，
飛機、大炮、坦克成為新式武器，
以往的軍服設計以防禦攻擊為主，
現代的軍服設計則以隱藏為目的。
駐印度英軍首先穿起卡其色土布軍服，
在野戰有很好的隱藏效果，
第二次世界大戰結束時差不多所有國家都穿起卡其軍服，
二戰時中國工業處於落後狀態，軍隊裝備依賴進口，
初時軍服為德國式藍灰色，之後也採用了卡其色軍服，
隨著科技發展，光學偵察器材出現，隱藏需求更高。
二戰末期德國納粹軍採用了迷彩軍服，
後來為世界通用。

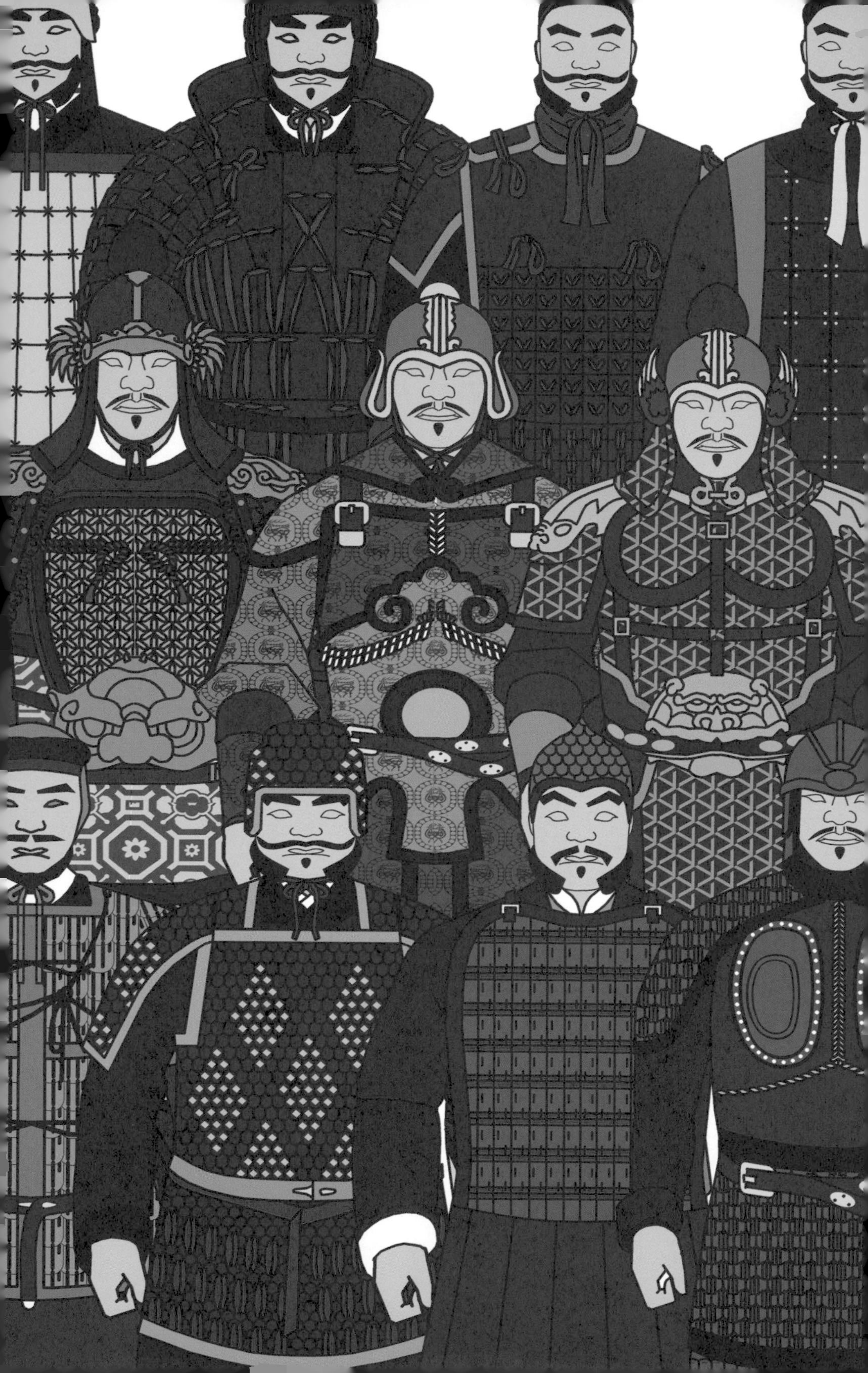

周

青銅甲

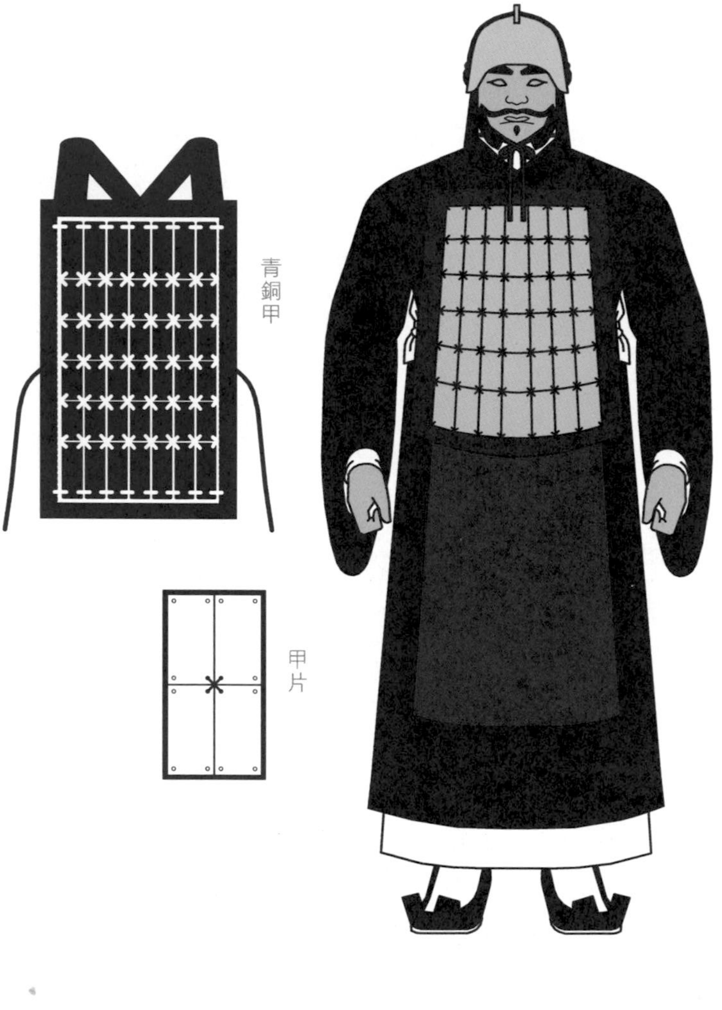

春秋 漆皮甲

秦

單片皮甲

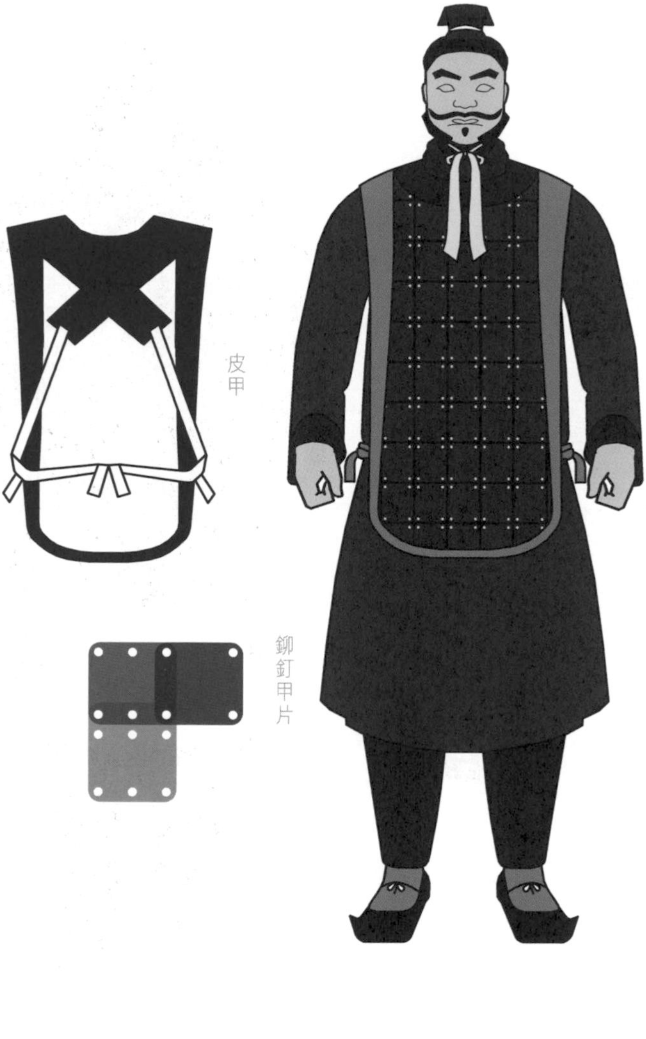

秦

側襟皮甲

漢

筒袖甲

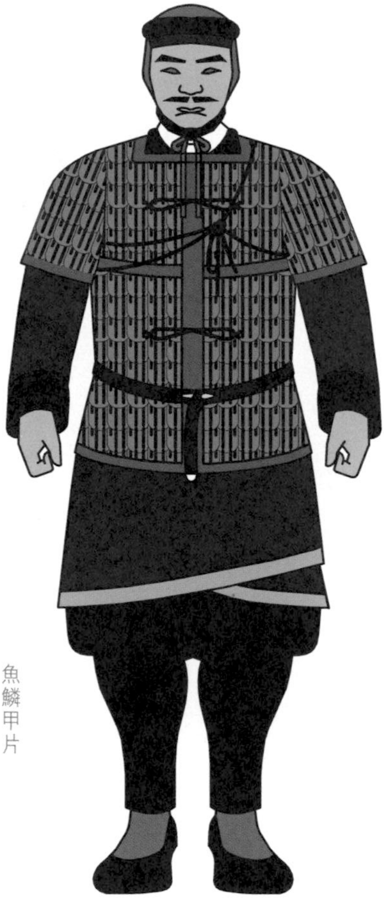

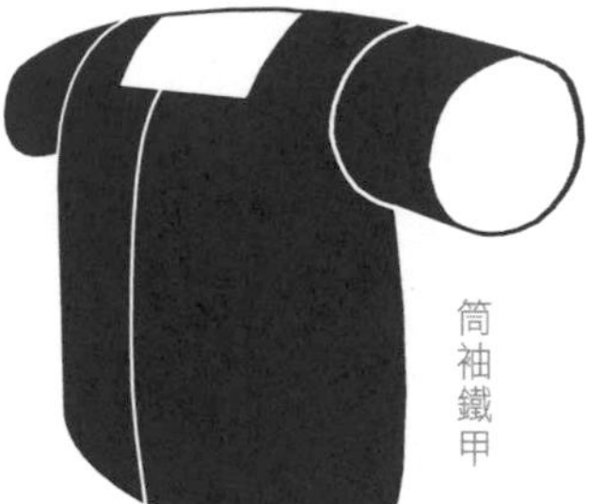

筒袖鐵甲

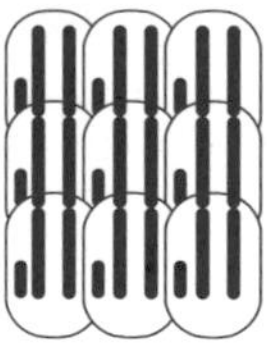

魚鱗甲片

漢

金銀飾鐵甲

金銀飾鐵甲

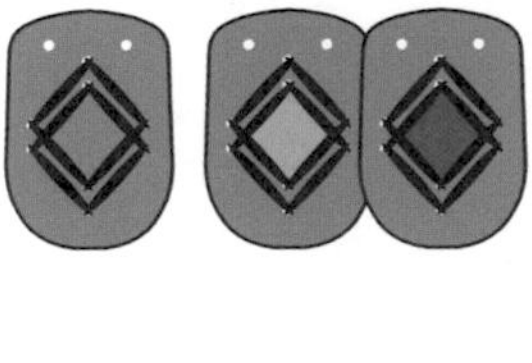

金銀飾甲片

魏晉

裲襠甲

青銅甲

活舌扣革帶

魏晉

明光甲

唐 絹甲

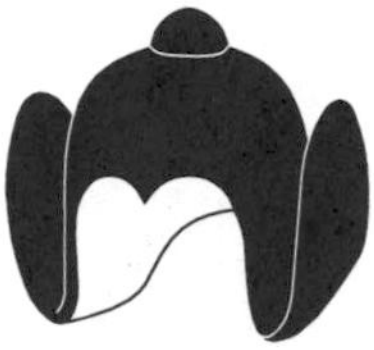

兜鍪

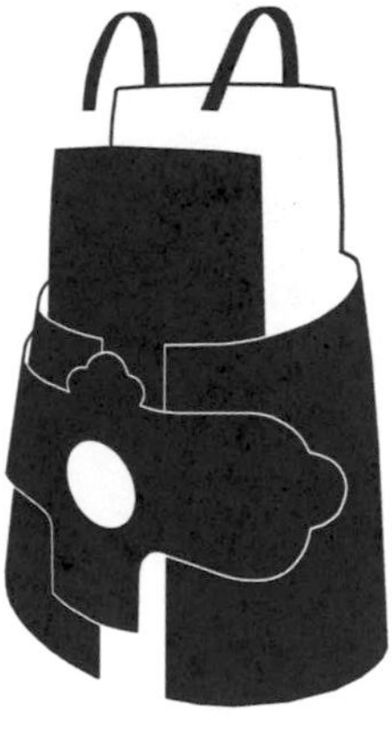

護鏡絹甲

唐

山文甲

護肩

山文甲

宋

山文甲

鳳翅兜鍪

漆甲

元
鐵網漆皮甲

鐵面冑

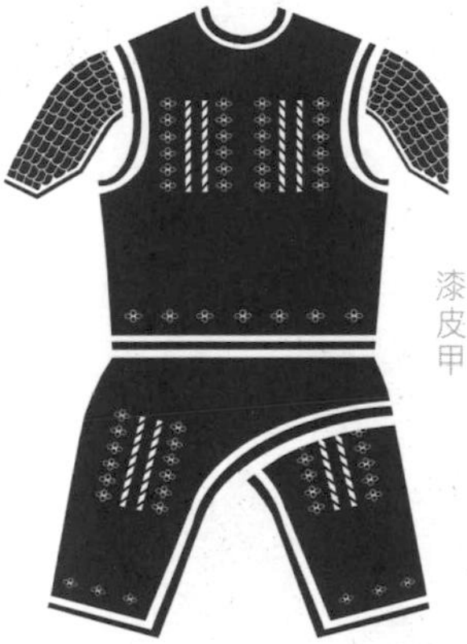

漆皮甲

明
鎖子甲

鐵笠盔

鎖子甲

清

布面甲

二次大戰

灰色野戰服

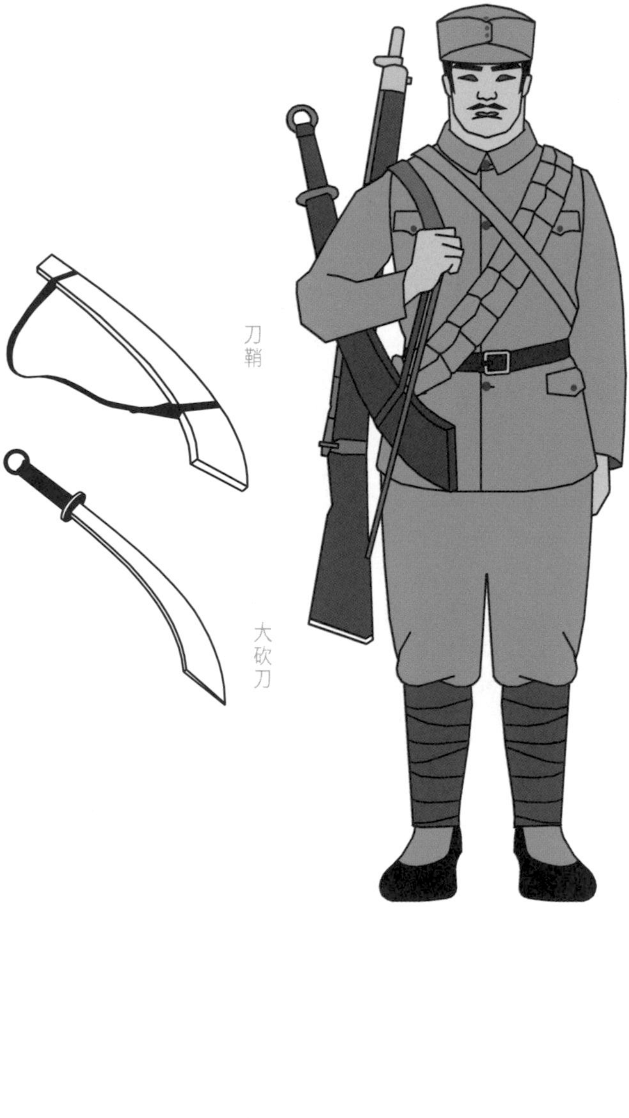

現代 迷彩戰服

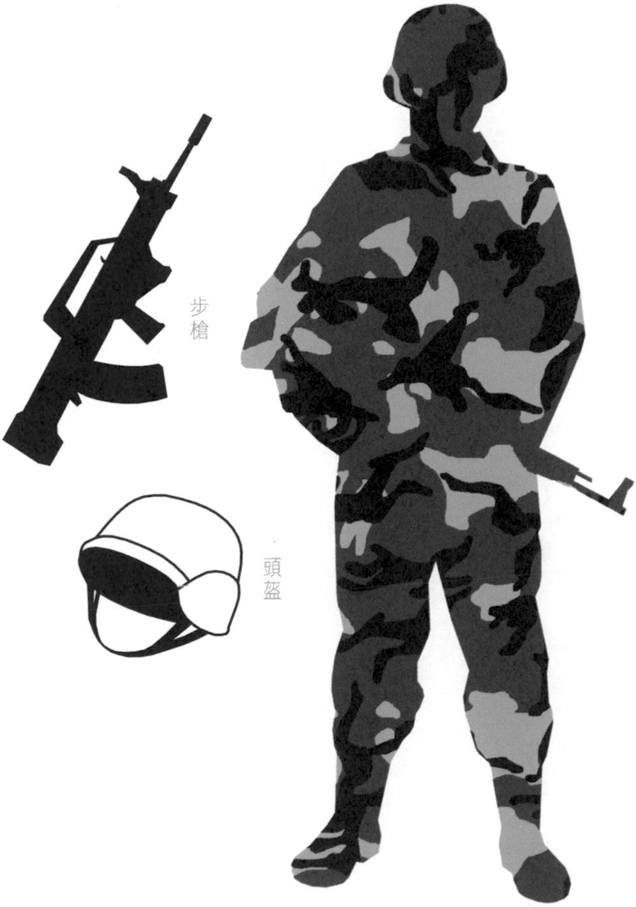

12

首服

生命可以不要
冠卻不能隨意掉下

冠

貴族

冠是套在髮髻上的髮罩，是身分地位的象徵，
士人以上階層才可戴冠，冠成了用來區別於平民百姓的服飾。
古人把戴冠看成是一種禮，應戴冠時不戴冠是非禮，
因此古代男子二十歲行完冠禮之後，象徵成人，從此一生都不離冠。
冠的制度在周代已形成，到了漢代更趨完善，其戴冠方法很特別，
先戴上巾把頭髮束好，再把冠戴在巾上面，
固定在頭上的方法有兩種，一是用髮簪，二是用纓帶繫結。
通過冠帽就能區分等級別，如皇帝戴冕冠，文官戴進賢冠，武官戴籠冠，
樂舞之人戴方山冠，執法之人戴獬豸冠等。
還規定配戴場合：冕冠、長冠、委貌冠是皇帝、公侯、卿大夫祭祀時戴的，
通天冠、遠遊冠、高山冠是上朝時戴的，
漢代以後各朝代又發展了很多款式如翼善冠、忠靖冠等。

冕冠　皇帝祭祀時所戴，是一個圓筒形，上覆蓋一塊前圓後方的木板，代表天圓地方；板上塗青黑色，板下塗紅黃色，代表天玄地黃；用五彩絲線串連五色彩玉，組成冕板前垂下的旒；還有用絲綿或玉做成的球飾垂掛在耳邊，叫做充耳，象徵君王不能聽信讒言；冕冠戴在頭上要前低後高，表示君王對百姓的關懷。

進賢冠　中國服飾中最影響深遠的款式，是上至公侯下至小吏都戴的冠。進賢冠綴有直梁，梁是冠上的豎脊，梁的數目用來區分身分高低，三品以上有三梁，四至五品有兩梁，六至九品只有一梁，冠是前高後低，前柱傾斜，後柱垂直，從漢代一直沿用到宋。

通天冠　等級僅次於冕冠，其形制是從進賢冠基礎上發展而來的，以鐵絲為梁，外包上細絹，梁的數目區分地位高低，歷代沿用至明朝。

卻敵冠

委貌冠

武官

獬豸冠

皮弁

梁冠

遠遊冠

長冠

漆紗籠冠

平民

漢代之前士以上才可戴冠，平民則用巾包頭，到了魏晉社會動盪，統治者和讀書人都不拘禮法，認為戴冠累贅，包頭巾更覺輕鬆，一時間改變了巾只屬於低下階層裝束的想法，成為時尚，讀書人特別喜歡紮巾，認為紮巾從容儒雅，瀟灑睿智。早期的巾稱幘，原本只是一塊軟方巾，用時隨意包裹，後來為了方便包紮，特意裁出四腳，並將四腳接長，形成寬帶，裹頭時將巾覆蓋在頭頂，後面兩腳向前包抄，自下而上，於額前繫結，前面兩腳則包過前額，繞至腦後，縛結下垂，形似兩條飄帶，再往後更演變成預先折疊好如帽狀的角巾，角巾塗了漆再發展成帽狀的幞頭。

歷代頭巾款式多樣，從布料來分，有縑巾和葛巾，縑巾是貴族用的，用細絹製成，葛巾是平民用的，用蔓草莖纖維製成。

從款式來分，漢魏有幅巾、綸巾、角巾，宋元有方頂巾、東坡巾、紗巾、羅巾，明代崇尚頭巾，歷代之冠，款式就更多了，用於儒生有方巾、飄飄巾、忠靖巾，用於平民有四帶巾、披雲巾、網巾等。平民的頭巾由始至終都是生活上的汗巾，現今陝北一帶還可看到農民用白手巾包頭的形象，簡樸而粗放。

四方平定巾

東坡巾

網巾

對角方巾

儒巾

角巾

飄飄巾

漆紗方巾

幅巾

幞頭

官吏

唐代男子主要的首服是幞頭，因為覺得幞頭過於柔軟，效果不太美觀，
因此在幞頭內增加一個墊物，有用木製，也有用竹編成，漆成黑色。
為了再堅固一點，人們再在幞頭上塗漆，顯得硬挺好看。
後來人們發現漆紗本身就很堅固，於是廢棄墊物，只穿戴漆紗幞頭。
漆紗幞頭頂部分兩層，前低後高，低部緊貼前額，高部為裝飾，
而本來起繫束作用的四腳已無需要，於是頭頂兩腳變成結狀作裝飾，後兩腳以鐵絖、
竹篾等硬材料為骨架，外蒙漆紗，形成硬腳。宋代幞頭已經完全脫離了巾的形式，
成為一種不折不扣的帽子。硬腳在宋元時，有各種變化樣式，如直腳幞頭、
曲腳幞頭、交腳幞頭、朝天幞頭。不同身分使用不同的幞頭，
如帝王官宦多用直腳幞頭，吏人戴圓頂軟腳幞頭，僕從公差或身分低下的樂人用
曲腳和交腳幞頭，儀衛戴黑漆圓頂無腳幞頭。明代官帽稱烏紗帽，同樣採用幞頭形
式，只是製作上不同，以鐵絖編成框架，外蒙烏紗，左右各插一個帽翅。

幞頭

武家諸王樣幞頭

英王踣樣幞頭

交腳幞頭

曲腳幞頭

朝天幞頭

烏紗折上巾

烏紗帽

彎腳烏紗帽

帽

遊牧民族

唐帽是北方遊牧民族的首服，目的是禦寒，漢人通常不戴帽，三國時期帽才傳入中原。早期的帽多為厚實物料製作，並不適合中原潮濕而炎熱的天氣，魏晉期間有一種用紗製作的帽子，輕薄透氣，稱為紗帽，上至天子下至百姓都喜歡戴。紗帽有白黑二色，貴族黑白二色都能用，庶民只許用黑色，形狀方面非常豐富，有圓的、方的、高筒的、卷狀的。宋代流行戴風帽，風帽在帽後及兩側有帽裙垂下，兜住雙耳和遮蓋肩背。明代帽式就更多，最有代表性是烏紗帽和瓜皮帽，瓜皮帽是明代的新款式，廣受老百姓歡迎，全國通行，又稱六合一統帽，名字帶有強烈的政治象徵意義。清代朝帽有兩種，夏季戴的叫涼帽，冬季戴的叫暖帽。涼帽如斗笠，用草編織，外裹綾羅；暖帽呈圓形，有朝上翻卷的檐邊，帽頂有紅緯和頂珠作裝飾，還有向後垂拖著孔雀尾的翎羽，頂珠和翎羽都是用來區分身分等級，翎羽有像眼睛的紋樣，單眼、雙眼、三眼之分，以三眼為最高級。

尖頂帽

風帽

後檐帽

四楞瓦帽

毛皮帽

暖帽

笠

農民

早在商周斗笠便是農民的雨具，
常以竹篾或草編成，擋風遮雨遮太陽。
斗笠尖頂寬檐，戴在頭上可把臉部遮蓋，可避人耳目。
頭戴斗笠，身穿披風，腳踏草鞋，就是典形的俠士形象。
明代曾有斗笠禁令，
規定農民才可戴斗笠，其他人一律禁用，
後來一次皇帝巡視，見眾官員站在烈日之下，
才產生惜才之情，解除禁令。
日後斗笠更發展成士人禮帽，又名遮陽帽，
清代夏季用的朝帽稱涼帽，就是從斗笠演變過來的。
涼帽呈喇叭形，用草編織做胎，
外裹綾羅，有紅纓，帽頂裝有帽緯，
帽緯中心有頂珠，帽頂上向後垂拖著孔雀尾的翎羽。

涼帽

無頂斗笠

斗笠

13

足衣

踏破鐵鞋

遠古先民為了保護腳板以免凍傷和割裂，
用鋒利的石頭把獸皮切割成小塊，包紮在腳上，這就是原始的裹足皮鞋。
後來學會簡單的縫製，骨為針，動物韌帶為線，
按腳形縫合獸皮，製作出底幫不分的鞋。
再後來認識到鞋幫和鞋底的功能不同，
開始了鞋幫和鞋底分開裁製，選用較柔軟的皮做鞋幫，
用耐磨的硬皮做鞋底，用羊毛搓成的幼繩縫合，
這樣容易磨損的鞋底就能便於替換，現代鞋雛形從此產生。
生活在潮濕和炎熱南方的先民，無須穿毛皮鞋抵抗寒冷，
他們利用木材和植物葉莖製成木板鞋，
在木板上製作孔洞，用葉莖搓成的繩穿孔然後固定在腳上。
另有先民用蘆草、葛或麻等植物製作草鞋，
首先從莖皮取出纖維，搓成線繩，再編織成鞋底，
在鞋底四周留出環扣，穿繩把鞋底固定在腳上。

絲履

上朝去

在古代履是鞋的統稱，直到隋唐，
鞋才取代履成為各式鞋類的統稱，一直沿用至今。
在古代無論是葛履、麻履、革履或絲履，
只要用絲帛裝飾局部或全部，都一律稱為絲履。
只有貴族才用絲帛來裝飾他們的履，
更富貴的人會穿純粹用絲繩編織成的全絲履。
古代的履，一般都是單層薄底，到了魏晉時期才出現厚底履。
另外有一種也用絲帛裝飾的鞋，它不叫履，它名為舄，
是商周祭祀所穿的禮鞋，舄和履最大分別是舄是雙層底，
履是單層底，舄底上層為皮或布，下層為木，而且木底特厚。
舄作為祭祀鞋，需在戶外穿著，行走在雨水或泥地上，
厚木可免弄濕鞋底。舄和履名字雖然不同，
但其設計特色同樣是鞋頭向上翹。

花頭履

舄

方頭履

圓頭履

笏頭履

翹頭履

岐頭履

皮靴

在馬上

靴是北方遊牧民族的高筒鞋，
既可保暖，又可減少在騎馬時小腿與馬身的摩擦。
最初靴是皮革製成，平民用堅硬的生皮，
貴族用鞣製處理過的熟皮。
春秋戰國趙武靈王推動胡服騎射，引進了靴，
初時只是軍中穿用，後來普及平民百姓。
直至隋代靴正式為朝廷採用，以六塊黑皮縫合而成，
取名六合靴，代表東西南北、天和地。
唐代一般場合百官都穿靴，靴筒可高達膝蓋，
後來為了上朝更方便，改為低筒靴。
到了明代，靴作為公服專用，庶民禁穿，
並一律染成黑色，稱為皂靴。
清代仍用靴，但皮靴已變為布製的靴了。

翹頭靴

粉底皂靴

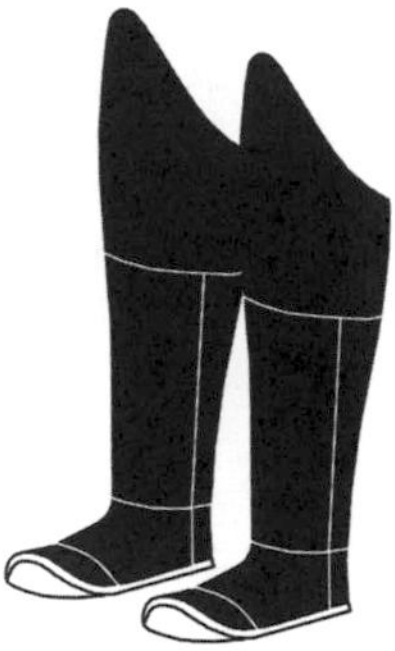

長筒靴

六合靴

帛靴

無筒布靴

木屐

雨雪中

屐是古代外出遠行的鞋，底部有齒，齒多為木造，
木齒鞋底耐磨，壞了又可更換，因為有齒，鞋底接觸地面少，
更適合雨中行走，孔子周遊列國，四出游說，穿的就是木屐。
魏晉時期木屐最為盛行，此時木屐不僅用於遠行，
還用於家居，士大夫穿木屐是一種自我解脫的意味，
南朝大詩人謝靈運發明的木屐，又名謝公屐，齒可隨意拆裝，
上山時拆除前齒，下山時拆除後齒，這樣上山下山都如履平地。
唐代流行穿靴，不穿屐，此時屐傳播到日本，為日本人普遍採用，
致令很多人誤以為木屐源於日本，其實來自中國。
宋代南方一帶依舊穿屐，因為南方溫暖多雨，
穿木屐便於下雨時在泥地中行走，為了使木屐避免水的侵害，
人們還會在木屐上塗蠟液作為保護，稱為蠟屐。
明清時期木屐演變成無齒，稱為泥屐，形狀接近現代的拖鞋。

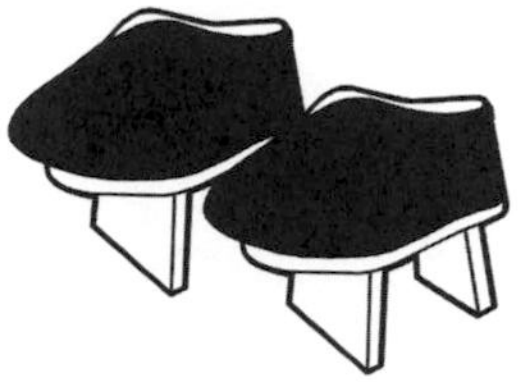

雙齒木屐鞋

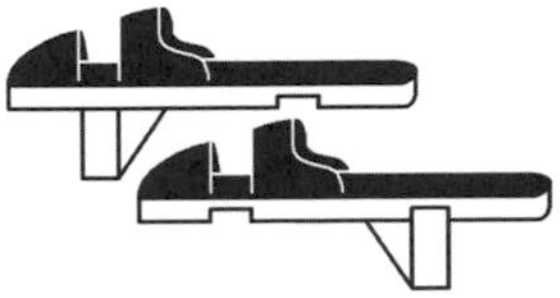

謝公屐

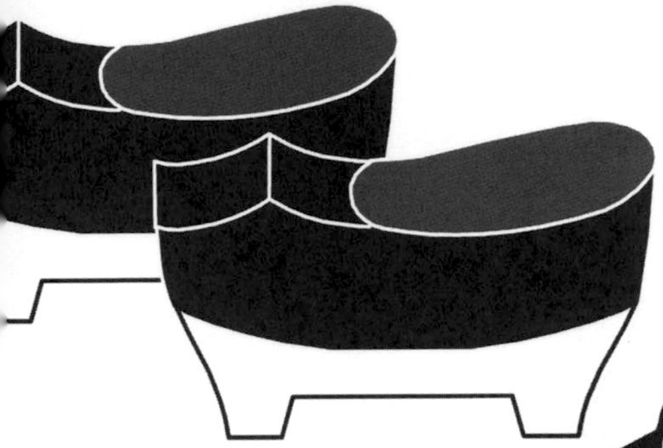

雙齒木屐鞋

雙齒木屐

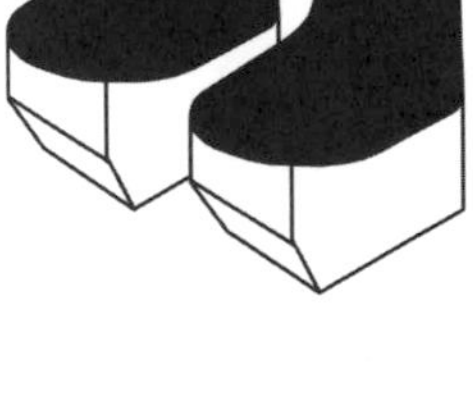

平底木屐鞋

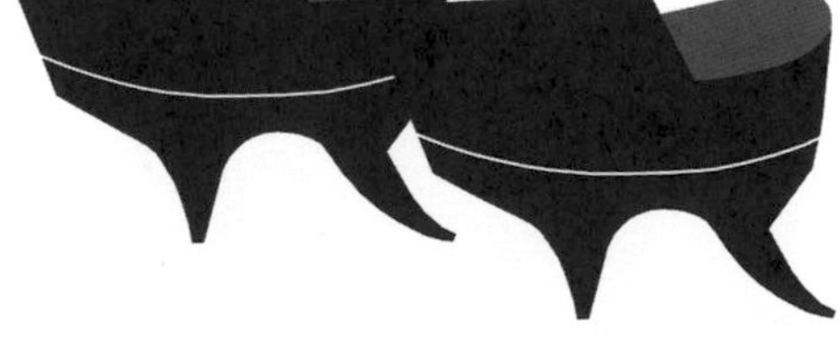

木底套鞋

草鞋

遠行去

草鞋是古代旅行鞋，一般用草、葛或麻製成，
雖不如皮鞋結實耐用，但勝在輕便涼快，
製作簡便，而且就地取材，普遍被勞動者使用。
製作草鞋先從莖取出纖維，搓成線繩，
用繩為經，草索為緯，編成腳底形，
前頭、兩邊及後跟用繩帶串起即可，
一面穿舊了反底再穿，幾天穿一雙，
也有不穿繩的款式，直接用草編成鞋幫，
還有用棕絲製成的草鞋，具有良好防水功能。
魏晉時期士大夫穿草鞋是對官場黑暗的背離。
唐代盛行穿草鞋，高僧玄奘就是穿草鞋去取西經的，
現西安大雁塔的石刻上還可看到他穿草鞋的形象。
在古代草鞋還是喪服的部分，服喪者必須穿草鞋。

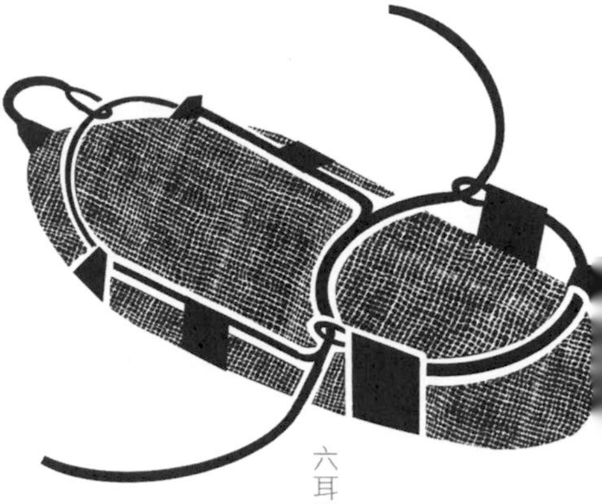
六耳草鞋

無跟草鞋

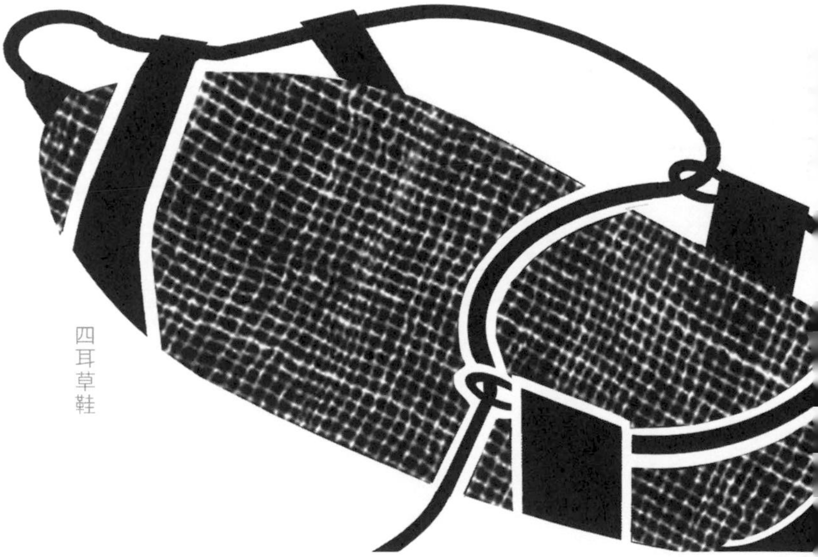
四耳草鞋

布鞋

出門去

到了隋唐，
鞋取代了履成為鞋的統稱。
清代流行穿黑色雙梁鞋，梁是指用皮製的鞋頭裝飾，
款式有單梁、雙梁、三梁多種，
梁的設計更可增加鞋的耐牢度。
民國則流行穿千層底布鞋，
用密麻的針線縫綴，一層層疊起來的鞋墊，
體現著那個時代百姓生活的樂趣，
遠不同今天工業時代的節奏。
繁冗的手工在那個時代是十分正常和可愛的創造，
外觀上體現美麗，內在包含著情感。
新中國則流行帆布鞋，白色帆布鞋或軍綠色帆布鞋，
是那一代人的集體記憶。

雙梁鞋

千層底布鞋

帆布鞋

襪子

足衣

襪子，古代稱為足衣，
最初是用皮革製的，因此襪古字為韈。
襪由夏代的三角形不斷發展，
到三國時期已是腳形了，與現在的襪形非常相似。
襪的長度有高筒、中筒與低筒之分，
高筒和中筒在頂部都附有綁帶。
襪也有季節之分，春秋多為布襪，以棉製成，
冬天則穿羊絨製成的氈襪或絮棉的布襪。
宋代貴族男子還穿起錦襪，不過在一般人心中，
將錦穿在足下實在太過奢侈了。
還有雙趾襪，很多人都以為是源於日本，
這是誤解，雙趾襪源於中國隋唐時期江浙一帶，
民間為了配合穿屐需要，就創造了雙趾襪。

絮棉襪

錦襪

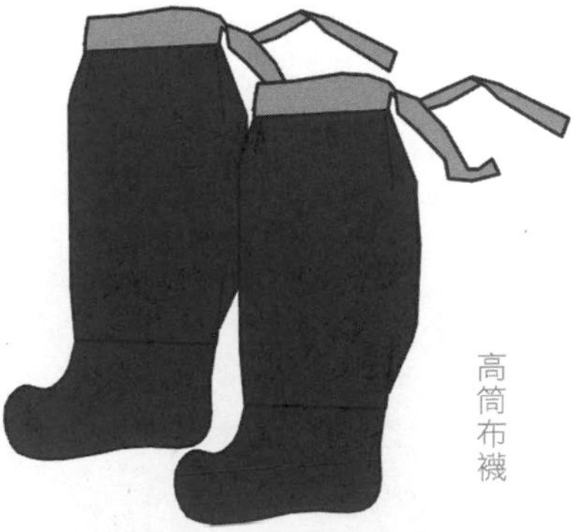

高筒布襪

14

配飾

古代玉步　現代貓行

頭飾

髮簪

髮簪在先秦時期稱為笄，
戰國以後才叫簪，
男子用髮簪有兩個主要用途，
一是用來固髮，
為的是防止髮髻鬆散；
二是用來繫冠，
用時將髮簪穿過冠的兩側小孔，
使冠固定在髮髻上。

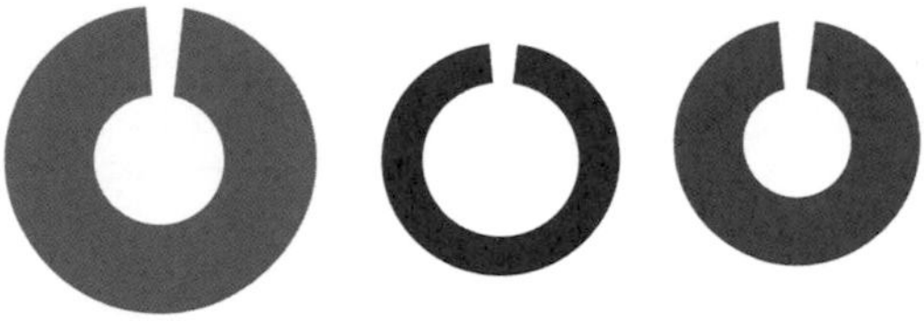

耳飾

充耳和玦

古代男子耳飾中最早出現的是充耳，充耳有二種，
第一種是在冠帽左右兩側垂掛至耳孔之處，
表示為人臣只服從於王命，不聽任何不利國君的聲音；
第二種是在葬禮時用的，塞在死者的耳孔上，
可見古時對耳飾的用途不僅在裝飾上，
而是寄託更多文化內容。
除充耳外另有一種耳飾叫玦，是一種開口的環形玉，
圓形，中心有孔，距今已有七千年歷史。
還有一種是北方少數民族戴的耳環，
遼、西夏、金、元時期十分流行。

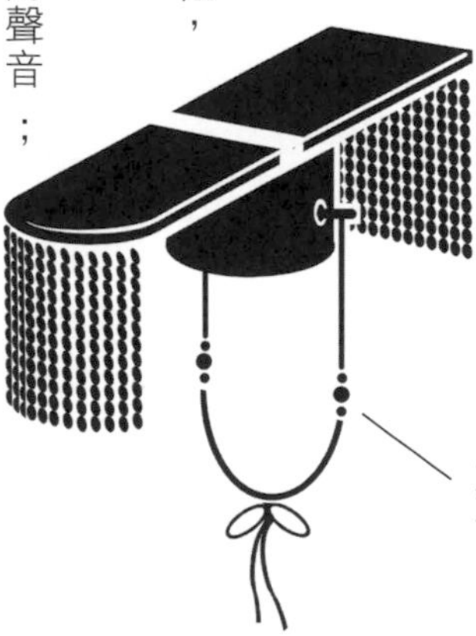

頸飾

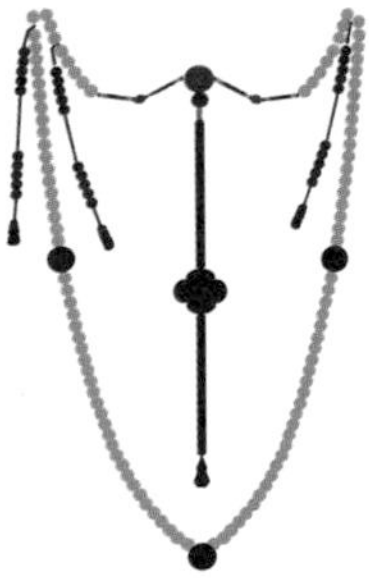

朝珠

作為頸飾，遠古先民的首選材料是貝殼，
對於遠離海洋的先民，貝殼是非常珍貴難得的，
除了貝殼之外，先民也會選用獸齒、魚骨、硬果殼。
直至商周時期，玉開始流行，製成管狀、珠形等，串成頸鍊。
除了頸鍊，頸圈也是古代頸飾的一種，
通常以金或銀製造而成，也有在頸圈上嵌以珠寶，
現今還有部分少數民族男子配戴頸圈。
還有一種頸飾是朝珠，是從佛珠演變而來的，
清代皇帝、四品武官以上及五品文官以上在內廷都要配戴，
朝珠用一百零八顆珠串成，
上下左右分成四份，每份中間串一顆大珠，
用珠的質料來區分等級。

手飾

玉扳指

歷代製造指環材料多樣，主要有骨、石、金、銀和玉等，玉製指環中有一種叫玉扳指，是從北方少數民族騎射用的玉指環演變而來，套在大拇指上，用作保護拇指。

腰飾

玉佩

在中國幾千年的傳統文化中，
人們十分重視玉，古人視美石為玉，
一切美麗的石都可稱為玉，
和現今玉的概念不大相同。
在古代，君子無故玉不離身，
玉簪、玉項鍊、玉扳指、玉腰帶、玉組佩等，
同樣有象徵吉祥，求福避禍之意。
在古文中，玉字並沒有一點，和帝王的王共用一個字，
玉能代表天地四方，通過它便能溝通天地。

佩是戴在身上的玉飾，綬是懸掛玉的絲帶，
佩綬是用來區別身分地位的服飾，
自漢代一直沿用至明代，清代改為用頂戴制度。
懸掛在腰下的佩有單個或組合形式，組佩的大小結構是根據身分而定的。
組佩在商周至兩漢時期非常流行，是貴族必戴之物，
戴組佩的目的就是要限制步伐，緩慢步伐才不會使玉亂撞，
防止發出不和諧的聲音。漢代以後組合形式的玉佩漸漸被廢用，
而單個的玉佩則一直流行，歷代沿用。

帶扣

帶鉤

腰帶

布帶　漢人用布帶束衣，布帶古稱大帶，是用絲帛製成的軟帶，不能用作懸掛隨身物。大帶束繫方式是由後向前，在腰前繫結，多餘部分在前面垂下，這下垂部分稱紳，紳越長地位越高，成了古代尊貴的象徵，現代人說的紳士風度就是源於此。

革帶　遊牧民族束衣及懸掛隨身物品用革帶，質地厚實，利用帶鉤或帶扣繫結，革帶釘綴有飾牌，多以金或玉製成鏤空紋，非常華美。魏晉時稱這種帶為金鏤帶，在此基礎又發展出蹀躞帶，蹀躞帶在牌飾下端連著鉸鏈或皮條，用來繫刀、劍、皮囊等雜物，是北方遊牧民族特有的腰帶，魏晉傳入中原後，為漢人接受。從唐代起革帶又有新發展，革帶常以絲帛包裹，皮革露外已少見。

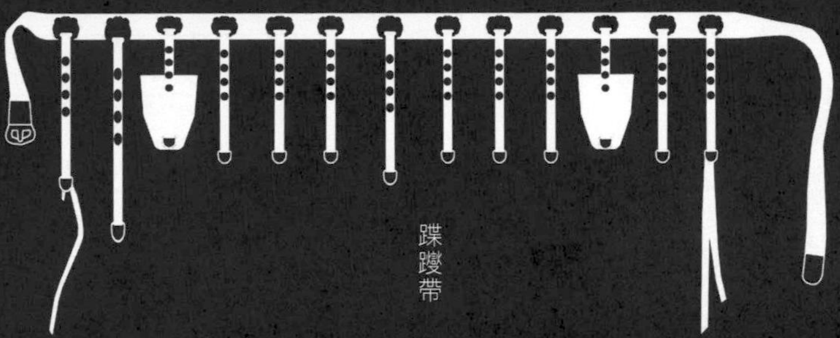

蹀躞帶

金鏤帶

香薰球

唐代男子喜薰衣，薰衣工具是香薰球，
香薰球製作精美，球身透空飾有花紋，
造型分上下兩個半球，以便開闔，
上半球頂部有環鈕，繫銀鍊用，下半球內有焚香的金盂。
香薰球有持平裝置，與現代陀螺原理相同，
當香薰球擺動旋轉，香灰也不會濺出。

荷包

古代衣服不設口袋，
外出時男子會
配帶一個小型袋，
用來盛放零星細物如手巾、
印章和鑰匙等。
元明清時期稱這種
小袋為荷包，
多為絲織物，
表面有彩繡，
圓形、方形及葫蘆形都有，
造型多樣。

眼鏡套

方些穿著趁時新，
搖擺街頭作態頻，
眼鏡戴來裝近視，
教人知是讀書人。

——〈都門雜詠〉清　楊靜亭

可見戴眼鏡是當時的流行時尚，
眼鏡在明代自海外傳入中國，
清初開始普及，
眼鏡套也在此時興起，
而且造工精美華麗，
是清代文人戴在腰上顯示身分的標誌。

扇套

折扇是文人雅士和達官貴人彰顯身分的飾物，
扇套繡工精緻，掛在腰前作裝飾，成為時尚，
文人雅士互贈題了詩詞和作畫的折扇，表達友情，
手持折扇更是生活中高雅的象徵。
折扇源自日本，明朝永樂年間，
作為貢品傳入中國，在清代全面流行，
久盛不衰，名士風流才子都與折扇有著密切的關係。

15

過去

千古美談

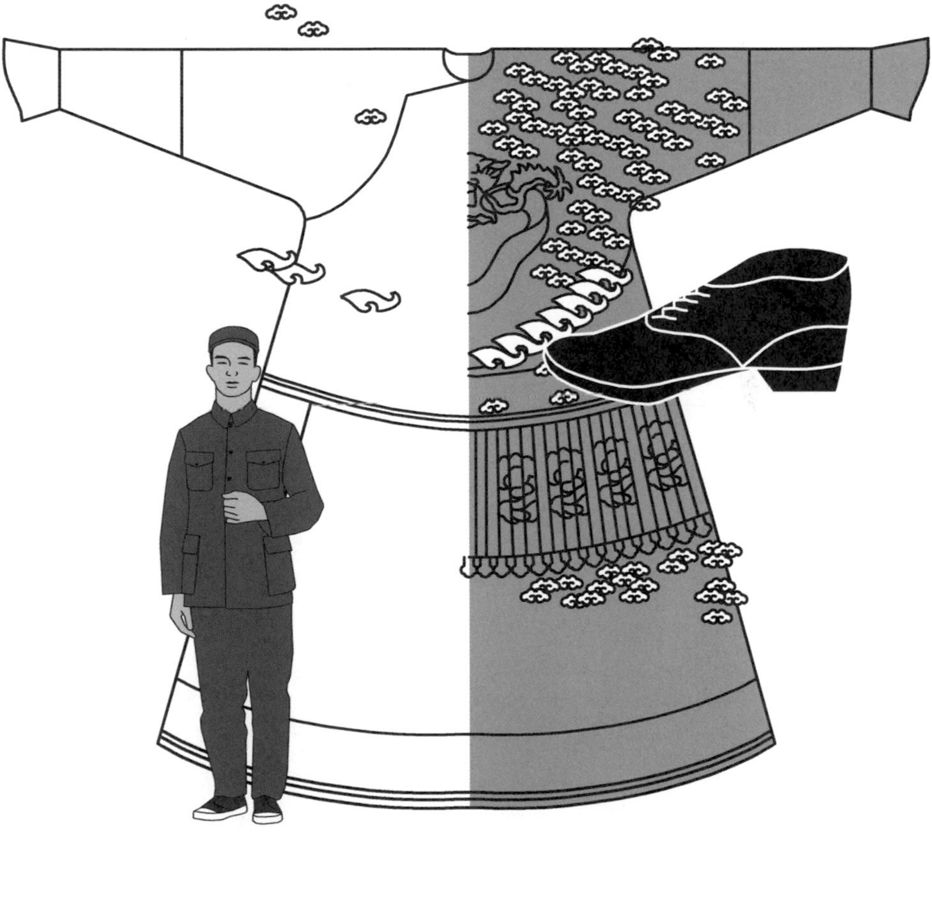

死亡之美

史前的中國

約一百七十萬年前至公元前二十一世紀

歷史從來都不是伴著優雅而來，
茹毛飲血的時代，遠古先民頭等大事就是求生存，
每天都面對死亡才能獵取食物。
他們利用獸齒、魚骨、骨管等，
用動物韌帶或葛藤為線，串成飾物裝飾身體，
而獲取的動物骨代表著勝利和英勇。
儘管茹毛飲血的時代已遠離我們，
但文明的今天還藏著原始的審美，
當今流行的骷髏服裝、獸齒飾物，
仍然為大家所喜愛，死亡之美，歷久不衰。

古代獸牙獸骨串飾

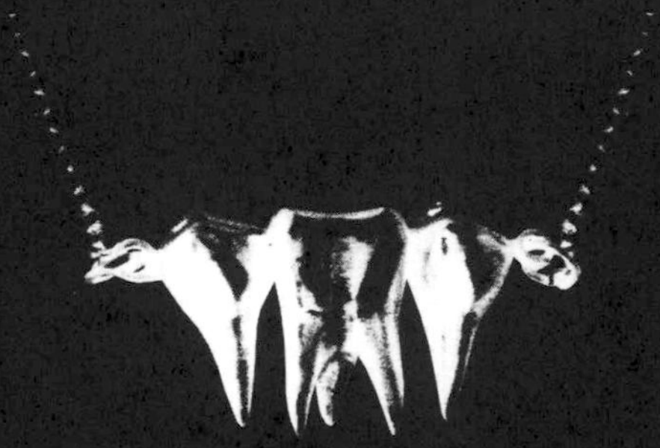

現代獸牙串飾

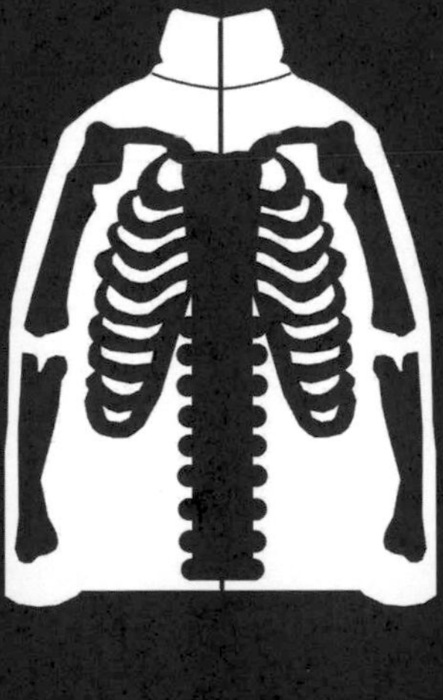

現代骷髏骨運動衣

權威之美

夏商周

約公元前二十一世紀至前二五六年

夏代的建立正式結束了身披樹葉獸皮的原始社會。
到了商代，社會瀰漫鬼神崇拜的氣氛，
服飾作為禮制的一部分，敬天地祭鬼神。
經過夏商兩代，周代創立了嶄新的王權禮制，
社會秩序終於完成，服飾成為分貴賤別等級的工具。
周禮規範了各階層服飾，不得逾越，其中以冕服為最高等級，
冕服繡有十二章紋，秩序嚴謹，顯出其權威與霸氣。
章紋制度在唐代東傳日本，日本人以其強大的簡化能力加以改良，
設計出強而有力的日式章紋，
當代LV國際名牌的權威章紋設計靈感就源出於此。

十二章紋

日式章紋

復古之美

秦漢

公元前二二一年至公元二二〇年

中國人崇古，具有厚古薄今的傾向，這種傾向不是中國特有，
但中國人對這種傾向的堅定立場，是其他民族不能相比的。
中國古代經典被視為神聖的、完美的，
誰想作出修改都是愚蠢的行為，
一切反對的聲音就被看成是邪説，不可原諒。
春秋戰國時期，禮崩樂壞，孔子主張復古周禮，努力游説，但不成功，
秦始皇統一中國後，結束了分裂的局面，並重新創立衣冠禮制。
到了漢代，機會終於來了，漢代實行休養生息，恢復生產，
絲綢之路的開通，使中原和中亞、西亞文化得以交流，往返商隊活躍，
經濟發達，在人民生活安穩下，主張復古周禮得以實行，

於是在周禮的基礎上發展出一套嚴謹的服制，以冠定服，
從此中國人對復古的概念有了具體的表現。
當代很多人誤以為戴帽只是西方文化的產物，
其實中國人戴帽文化更長，
而且是中國服飾文化中非常重要的一部分，
代表著中國傳統經典。

頹廢之美

魏晉

公元二二〇年至五八九年

魏晉在中國歷史上是一個痛苦的年代，在長期戰亂和動盪的背景下，民族大遷徙，促使胡漢雜居，南北交流，不同文化互相碰撞，使這時期的服飾出現了新的面貌。

魏晉時期流行吸食五石散，像西方嬉皮吸食大麻一樣，放浪形骸，恣肆人生的態度，漢代儒學獨尊的文化模式崩解，取而代之是來自西方的佛教和本土道教的盛行，玄學成為新時尚。

竹林七賢是魏晉七名士，他們因崇尚虛無，任情不羈而享負盛名，他們穿的不是西漢以前的深衣，也不是東漢以後的袍子，而是一種簡約寬鬆的衫子。他們衫領敞開，袒露胸懷，赤腳散髮，有的梳丫角髻，有的包巾子。

竹林七賢作這種頹廢的打扮，目的是表現他們敢於突破傳統禮教的束縛，勇於作一個特立獨行的人，尋找超越世俗之美。

異國之美

唐

公元六一八年至九〇七年

唐代是中國封建社會最鼎盛的時期，是當時世界時尚之都，
東西文化交流中心，外國使者來朝，交流頻繁。
在首都長安，不同種族的人隨處可見，唐人又喜愛吸納外來文化，
好胡服、胡樂、胡食、胡床等，視為時尚，
因此唐代服飾帶著濃厚世界主義色彩，同時中國文化也傳播到世界各地。
日本與朝鮮服飾就深受唐代影響，唐錦色彩飽滿，對比強烈，
一件絲織品使用的色彩可多達八種，還能做到暈色漸變效果，
紋樣題材豐富，融入外來文化和佛教藝術，張揚自信，有大國之風範。
其實時尚就是對異國文化的傾慕與好奇，不同文化的混交，
時而崇拜，時而排斥，在欲拒還迎與眉來眼去中散發出魅力。

禁欲之美

宋

公元九六〇年至一二七九年

在存天理，滅人欲的程朱理學支配下，服裝美學觀念亦變得含蓄淡泊，
正是這種氣氛下，宋代得以產生了與唐代完全不同的服飾風尚。
宋代多用間色，講求淡雅、調和、沉穩和秀氣，不再鑲金錯銀，雕琢浮艷，
換來是含蓄的造型，平易雋永的韻味。
宋代官服沿用了唐代的圓領襴衫，但袖口變得非常寬大。
最有趣的是宋代幞頭，兩腳已發展成平直向外伸展，
據說是為避免當時百官上朝喜歡交頭接耳談私事，可說用心良苦。
從宋代起中國古老漫長的席地而坐徹底改變，
完全進入了垂足而坐的新時代，這改變大大影響了褲子的改革，
合襠褲作為外衣全面流行，衣服也開始有鈕扣的使用。

浮誇之美

元

公元一二〇六年至一三六八年

黑色、低調、樸素、經典、少即是多，
這些有格調的形容詞，全都不是元代那杯茶，
元代由北方遊牧民族統治漢族，他們爽直、粗獷、浮誇、崇尚金色。
最浮誇的元代官方絲織品是織金錦，原產波斯，
是以金箔切成的金片作緯線織花，使織物呈現金屬光澤。
織物加金並不是從元代開始，但迅速發展卻在元代，
雖然浮誇俗氣，元人並不介意，再加上一頭髡髮，活脫脫是個龐克青年，
或一身時尚的嘻哈街頭小子，頸上掛著粗大的金鍊，頭上頂著龐克的髮型，
再配上驚嚇的金色假牙，將浮誇進行到底，俗出個性格來。

我愛黃金

鄉土之美

明

公元一三六八年至一六四四年

明代工藝集歷代大成，是中國古代織染業的巔峰，
明代官服雖然華麗，製作繁複，令人驚訝，但論風格和審美情趣，
卻比不上民間流行的藍印花布。
藍印花布源於秦漢，多虧宋末元初的黃道婆對棉的推廣，
才造就藍印花布在明代民間的全面流行。
藍印花布初時以靛藍草為染料染製而成，
故又稱靛藍花布，俗稱藥斑布，
製作方法可大致分為夾纈、蠟染和紮染，
藍印花布採用全棉，有別於織錦的富麗貴氣，
恰如其分地呈現出鄉間純樸而幽雅的韻味。

過去

繁縟之美

清

公元一六四四年至一九一一年

滿清入主中原，漢民族被迫剃髮垂辮，強行易服，滿服成為中原主流，清代服飾的名字和細節都反映與遊牧民族的騎馬文化有關，如馬褂、馬甲、還有箭袖和缺襟等。

清代雖然大體上廢除了明代服制，但仍保留了某些明代特點，如官員穿的朝服中的補子，雖然圖案略有差異，文官繡禽，武官繡獸的概念還是相同的。

隨著傳教士來華，帶來繁雜裝飾的洛可可風格，與滿清風格交融，形成一種具有濃厚財氣、媚氣和工匠氣的艷俗美，繁縟精細的工藝，艷麗愉悅的色彩，腐朽的金粉氣，加上圖必有意，意必吉祥，實在世俗難耐。清代艷麗媚俗的設計風格，雖然集歷代工藝的大成，卻失去藝術的境界。

東方洛可可

混搭之美

民國

公元一九一二年至一九四九年

二十世紀之交，西服傳入，形成了新局面。
在殖民地色彩濃郁的上海，隨處可見一些留學歸來的年輕人和外交官，
開始穿起代表文明的西裝革履，崇洋風氣迅速膨脹。
到了辛亥革命之後，中西混搭的穿著風氣一發不可收拾，
有上身西裝配下身綁腿褲，有的在長袍馬褂內穿西褲，也有穿長袍頭戴西洋禮帽，
形形色色的中西混搭，完全顛覆了傳統的審美標準，
有人說是光怪陸離，不倫不類，也有人說是有型有格，確實好看，
就像現今流行的混搭穿衣風格，西裝外套配牛仔褲，西褲搭運動鞋，禮帽配運動衣，
有異曲同工之妙，混搭穿衣可貴之處，
是激蕩了配搭的無盡可能，和流露著穿衣的自由空氣。

破舊之美

新中國

一九四九年新中國成立，為了與封建主義和資本主義畫清界線，
原本穿慣西裝革履和長袍馬褂的企業家、文人學者都一律換上革命式服裝，
表明態度向無產階級看齊，免得被打倒。
革命式服裝的理念是艱苦奮鬥和集體精神，
這理念又一次徹底顛覆了傳統的審美標準，當時全民的穿著都成了工農兵的樣子。
工農兵服裝的特徵是補丁，代表節儉與勞動，與光鮮和華麗的資產階級畫清界線，
這樣的外表很符合當時革命的標準。
二十多年來強調工農兵的單調款式，把人的穿著個性都壓抑下去，
後來藍色、綠色和灰色竟成了這個無產階級時代的穿著記憶。
現代年輕人同樣穿著補丁，不同的是現代補丁衣服多姿多彩，不再單調，
而且名牌補丁絕不便宜，補丁對年輕人也是一種革命，
但現代補丁革命不再需要節儉與勞動，而是需要消費能力。

補丁

過去

16

現在

跟國際接軌

一個封閉已久的國門，一旦再次打開，
長久以來被禁錮的自我意識被喚醒，
人們都想把心中的鬱悶盡情宣洩出來，
同時卻又感到迷失方向，
一時難以適應。
花花世界的外國流行裝束，
快速地被一些待業青年盲目模仿，
照單全收，
崇洋心態比民國時期有增無減。

上半場
趕時髦

喇叭褲

當下趕時髦的年輕人，
戴大墨鏡，留著大鬢角，
唇間蓄著小黑鬍，
上身花襯衫，
下身喇叭褲，
把整個屁股繃得圓滾滾的，
腳踏黑皮鞋招搖過市，
好一個典型西方嬉皮的打扮。
二十世紀七十年代末，
正當趕時髦熱潮傳遍全國時，
這種被抨擊為不男不女和頹廢的嬉皮打扮，
在西方早已接近尾聲了。

農民西裝

他的名字叫農民，但不耕種，
他進城工作，可能是一個老闆，
也可能是一個百萬富翁。
當西裝開始慢慢代替中山裝，
成為中國的商人、政治家，
甚至是工人、農民青睞的服式，
很多農民工不僅平時穿，
在工地和工廠等地方工作時也穿，
因此褶皺的西裝，
沾著泥土的旅遊鞋，
油亮亮的頭髮成了中國農民工典型的一種形象。

老闆包

八十年代香港曾一度流行的老闆包，
在大陸改革開放後，
先由沿海的個體戶老闆帶頭流行起來。
黑色老闆包因為其派頭大，
於是漸漸進入大陸，
在上世紀九十年代初，
老闆包已經成為政府官員、
知識分子和工人的出行必備用品。

下半場 富而不貴

排隊買名牌

隨著中國經濟起飛，加上歐美經濟低迷，
近年常常出現大批中國旅客，到歐美哄搶名牌的奇特現象。
二〇一〇年聖誕節，倫敦名店三個顧客中，
就有一個來自中國的客人，名店因此還特地聘請會説普通話的售貨員。
中國大款的瘋狂掃貨，令英國名店大開眼界，
每天名店門口總是大排長龍，長龍中大部分是中國旅客，
中國大款的闊綽令名店營業額大幅上升，
如果名牌能提升一個人的身分和氣質，
恐怕那些中國大款要事與願違，
錢能買回來富麗堂皇，卻買不到高貴優雅，
他們的行為正是富而不貴。

17

未來

未來並不是
獨尊的時代

互補

把現代西方和古代中國兩個不同時空的文化作比較，
本身就不太適當，可是因為種種歷史原因，
中國沒能像西方一樣，逐步漸進地走過工業革命、
現代和後現代三個發展階段，
中國在過往幾十年間，在世界經濟全球化急速的影響下，
把工業革命、現代和後現代三個階段擠壓在一起發展，
因而表現得混亂和失去方向，所以當我們需要尋找中國的核心價值時，
不得不返回古代去尋找。

中國上下五千年的文明，發展出一套有別於西方的價值觀，
如果拿來與現代西方作對照，而不是比較誰比誰強，
會是一個很好的互補作用，再者未來並不是一個獨尊的時代，
西方經歷過度消費的年代後，早在上個世紀六十年代，
開始希望尋回失落的精神世界，尋找能回應人類心靈的價值觀，
來面對未來的生活，而崇尚自然的中國正是他們研究的重要對象。

空間

身體與衣服之間應存著空間

衣服被形容為第二層皮膚，這是現代西方時裝設計的主要理念，
西方文化自古相信身體，崇拜身體，用大量裸體雕塑去歌頌身體的美，
西方時裝設計師通過裁剪的方法，重塑身體，相信衣服緊貼身體就是美。
中國服裝理念則不同，除了受儒家的影響，不主張體形的鈎畫，
刻意淡化性別，甚至隱藏身體外，
更重要的是中國人並不太關心形體是否完美，
認為身體會隨著年齡日漸衰老，美的時間短暫，他們追求的是長生不老。
中國人相信氣，氣的流動是萬物的根源，
所以身體與衣服之間應該存著空間，讓空氣流動，
中國傳統服裝寬衣博帶，衣服隨身體活動而變動，美隨即產生，
也就是說古代中國服裝的美，是從身體與衣服的空間產生出來的，
而不是從緊貼身體而得來的。

身體

身體的伸延

西方時裝的裁剪理念是對大自然的挑戰，
例如利用填充物去重建身體的伸延。
肩膀是設計師最喜歡挑戰的身體位置，
墊肩的利用令肩線形狀反地心引力而向上翹起，
西方設計師認為男人應該是這樣的，這樣的男人很帥氣和英偉。
中國傳統服裝的裁剪理念則有不同的看法，中國人崇尚自然，
不但沒有拒抗地心引力，反而對地心引力帶來的特點加以利用，
因此同樣是身體的伸延，不同的是中國人放棄了肩膀，
選擇了衣袖，把衣袖加得特長特寬，走起路來左搖右擺，
中國人認為這樣才夠氣勢。
因為衣袖寬大，重量增加，肩膀形成八字形向下斜，
使穿者顯得柔弱，是不同的審美觀，兩者形成強烈的反差。

形色

西方重形　中國重色

西方自古希臘時代已發展幾何學，因此對形狀特別感興趣，
設計趨向立體感，大大影響服裝以後的發展，西服裁剪講求人體曲線，
強調人體結構，因此西服成品本身就是一件立體雕塑。
中國服裝走的是另一條道路，中國服裝採用直線裁剪，不考慮人體曲線，
棄形重色，形成一套正色與間色的觀念，中國先民對色彩的認識，
從來沒有抽離宇宙自然以外，作純粹的視覺享受，
而是將色彩變成禮教和等級化。
在中國傳統文化觀念中，五行的青、赤、黃、白、黑被視為正色，
綠、紅、碧、紫等其他顏色被視為間色，色彩因此便有了正間等級之別，
依此定制服色來區分身分地位的高低，並以圖案來豐富內容，
所以中國紋樣總是圖必有意，意必吉祥，平面的色成為中國服裝美的核心，
立體的形卻成就了西方的服裝美。

零餘

看智慧　看地上

要看設計的智慧，不是看桌上，而是看地上，
當設計師拿著剪刀進行創作時，意味著他可能在創作，也可能在破壞。
現代西服製作工序繁瑣，面料被剪得七零八碎，
然後再拼合一起，地上滿是殘存的碎料，
整個創作過程，需要經過多道破壞與浪費來完成，
問題是這些破壞與浪費真的必要嗎？
中國傳統服裝裁剪特別簡樸，追求衣料最大化利用，
地上接近零餘布為裁剪最高境界，
加上中國傳統服裝寬身，尺碼自由度高，很是環保，
現今在地球資源短缺的環境下，
零餘的概念是一種理想的追求，在創作過程中，
希望設計師反思人類與大自然和諧的關係。

附錄　歷代典型服裝

周

上衣　下裳

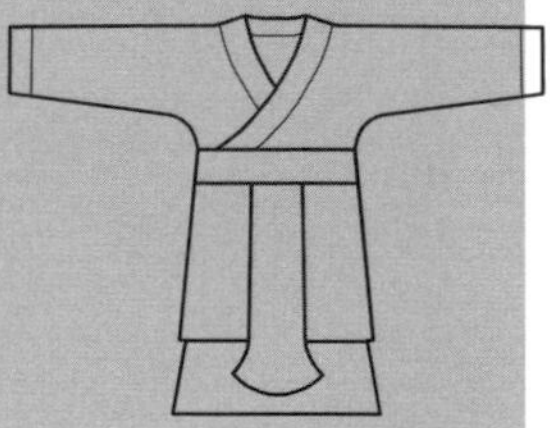

春秋戰國

深衣

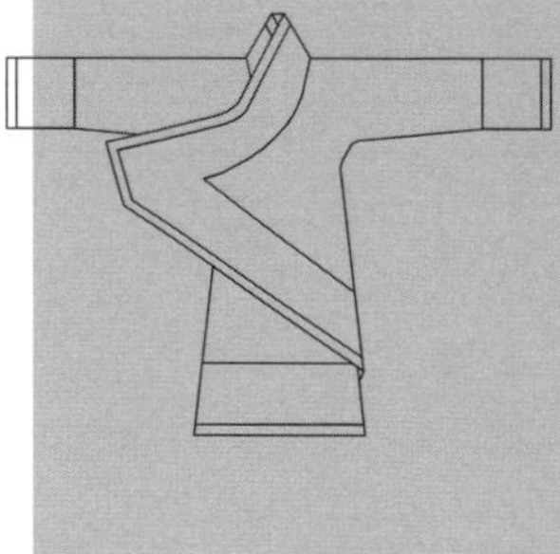

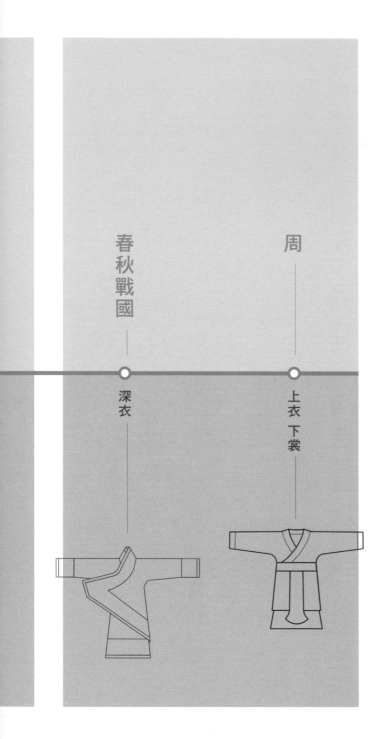

漢

直裾袍

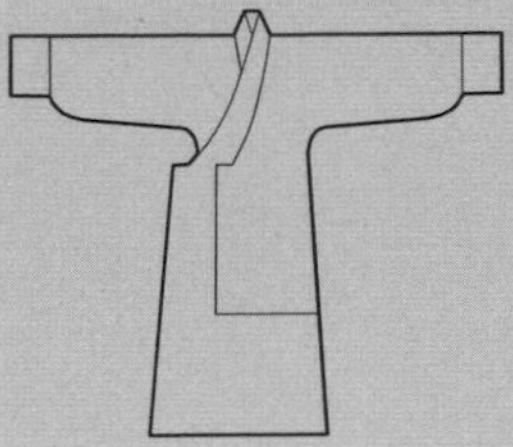

魏晉

大袖長衫

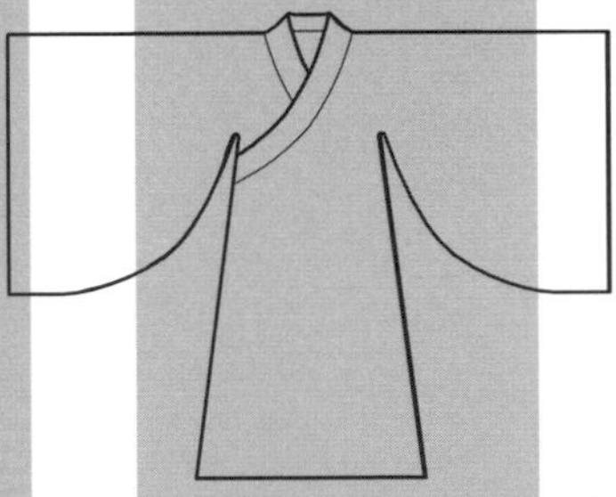

唐

圓領袍衫

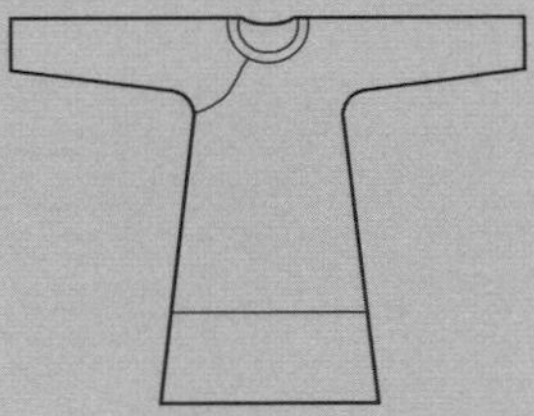

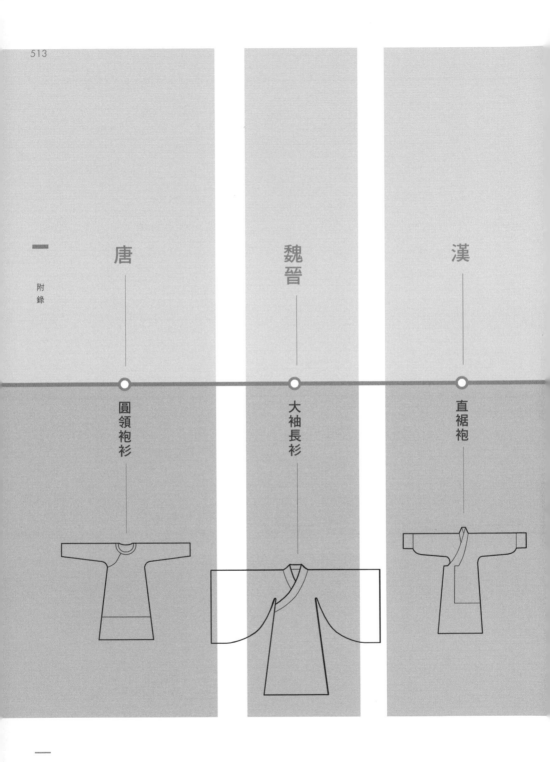

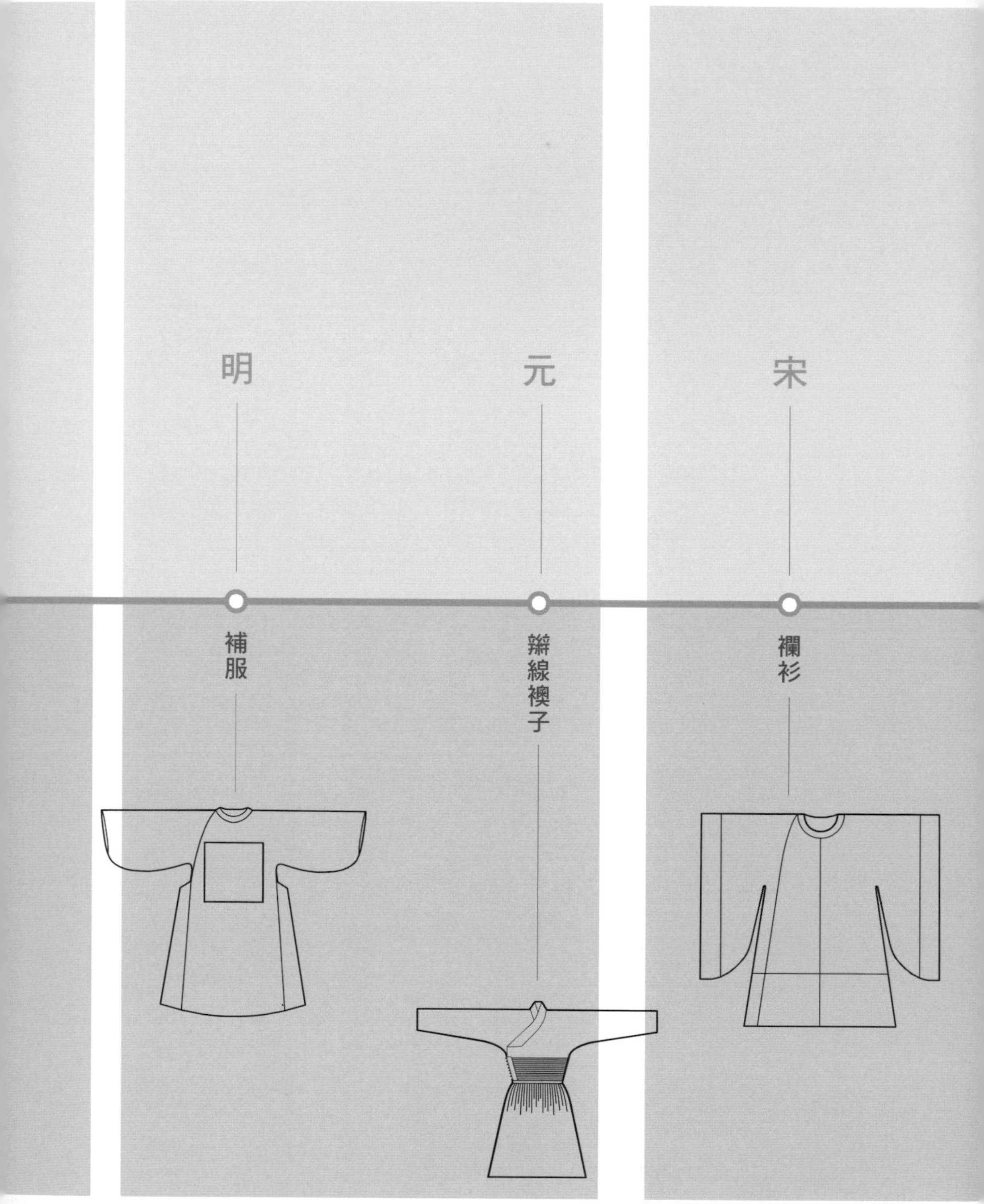
明
補服
元
辮線襖子
宋
襴衫

新中國

中山裝

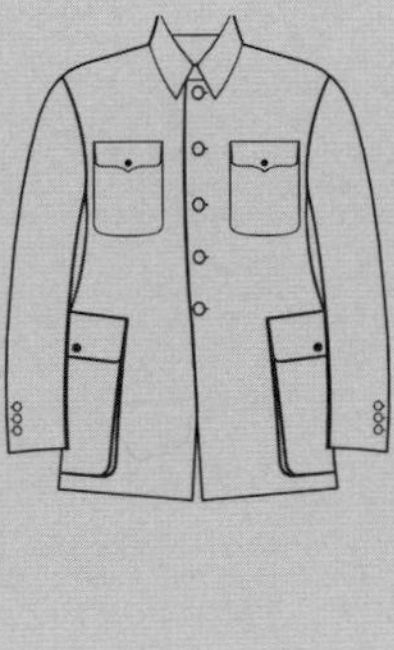

民國

長衫馬褂

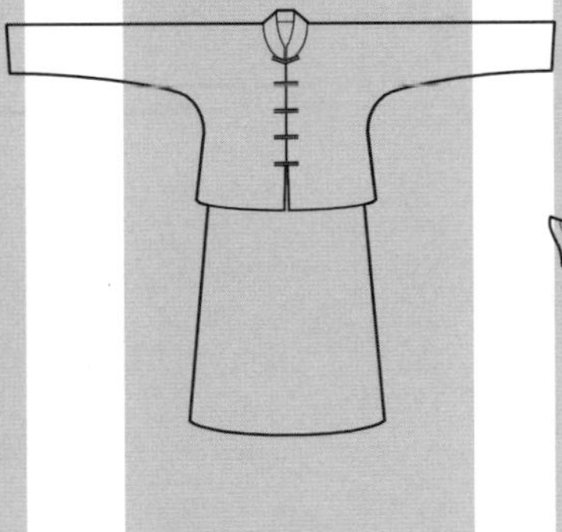

清

龍袍

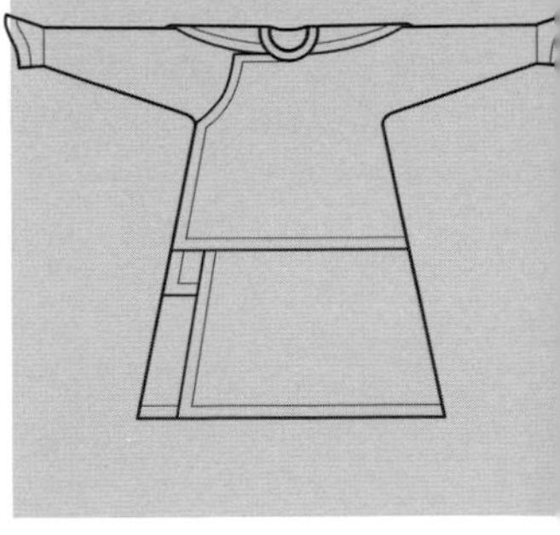

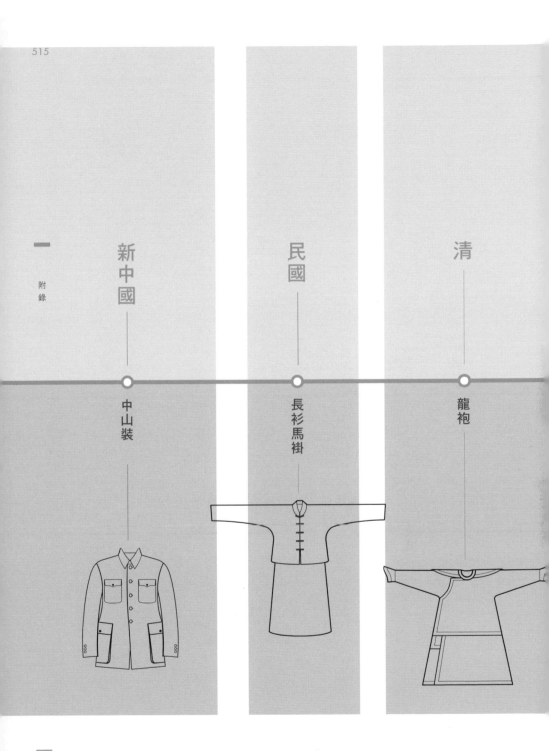

參考書籍

中國古代服飾研究　沈從文編著　香港商務印書館 1981

中國歷代服飾藝術　高春明著　中國青年出版社 2009

中國服飾五千年　上海市戲曲學校中國服裝史研究組編著　香港商務印書館　上海學林出版社 1984

中國服飾造型鑒賞圖典　孔德明主編　上海辭書出版社 2007

中國服裝史　袁仄主編　中國紡織出版社 2005

中華男裝　丁錫強著　上海學林出版社 2008

漢服　蔣玉秋、王藝璇、陳鋒編著　青島出版社 2008

中國內衣史　黃強著　中國紡織出版社 2008

近代中國男裝實錄　包銘新主編　東華大學出版社 2008

中國龍袍　黃能馥、陳娟娟著　紫禁城出版社　漓江出版社 2006

Q版大明衣冠圖志　董進著　北京郵電大學出版社 2011

中國古代軍戎服飾　劉永華著　上海古籍出版社 1995

畫說中國歷代甲冑　陳大威著　上海書店出版社 2009

畫說世界軍服　崔海源、方文素著　上海書店出版社 2009

中國少數民族服飾　鍾茂蘭、范樸編著　中國紡織出版社 2006

中國頭飾文化　管彥波著　內蒙古大學出版社 2006

中華鞋經　張印周主編　東方出版社 2008

中國設計史 高豐著 廣西美術出版社 2004

中國紋樣史 田自秉、吳淑生、田青著 高等教育出版社 2003

中國風格的當代化設計 馮冠超著 重慶出版社 2007

中西色彩比較 李廣元、李黎著 河北美術出版社 2006

中國傳統色彩圖鑒 鴻洋編著 東方出版社 2010

中國符號 易思羽主編 江蘇人民出版社 2005

中國龍文化 龐進著 重慶出版社 2007

圖說中外文化交流 杜文玉、林興霞編著 世界圖書出版公司 2007

狂與狷 周淑蘭著 當代中國出版社 2007

隱士 納蘭秋著 海鴿文化出版圖書有限公司 2009

洗盡鉛華 霍仲濱著 首都師範大學出版社 2006

THE MAN OF FASHION Colin Mcdowell Thames & Hudson 1997

MODERN MENSWEAR Hywel Davies Laurence King Publishing Ltd. 2008

A HISTORY OF MEN'S FASHION Farid Chenoune Flammarion 1993

結語

我常常想如果中國首先進入現代文明，全世界的人都穿著中式服裝，每個人身上都披著現代版唐裝或改良版漢服，這樣的話，流行時尚又會是怎樣的一番風景？其實西方的服裝形制在文藝復興之前，與中國沒多大分別，服裝的角色同樣是為了服務皇家或宗教，階級同樣分明，裁剪同樣平面。文藝復興後西方開始主張以人為本，強調個性，而中國仍延續封建傳統的服裝理念，從此西方與中國才各走各路。

現代生活要求方便和衛生，服裝追求體形美，強調個性的西服比闊袍大袖的中服更能符合現代標準，才形成現代以西服為主的潮流，這種發展方向是必然的，歷史不能重來，一切假如都沒多大意義。不如換個角度看，我們應感謝西方完成了工業革命，感謝他們在現代服裝設計與製造上的貢獻，如果中國能在此基礎上加以改良及完善，並以中國傳統獨有的審美與內涵，創造出適合人類未來理想生活的服飾，並與大自然和諧相處，這會是中國服飾給予世界最好的貢獻。

在現代人眼裡，時裝就等同女裝，所以男裝一直沒有得到像女裝那樣的關注，其實在人類服裝史上，男裝本是服裝的核心，女裝是由男裝理念發展而來的，再加上普遍認為時尚只屬於西方，中國與時尚無關，因此，男裝和中國兩個概念就在我腦海產生，然後就有了想寫一本有關中國男裝的書。計劃從二〇〇八年春開始，直至二〇一一年秋完成，回想起來，才驚覺一千三百多個晚上過去了，寫作過程是神奇的、漫長的、孤獨的，也是享受的，中國服飾博大精深，此書得以完成，要感謝前輩們在這方面的研究成果，對我整理此書有很大的幫助。

圖解
中國潮男

2013年4月初版 定價：新臺幣780元

著　者 陳仲輝
發行人 林載爵
叢書主編 李佳姍
封面設計 顏伯駿

出版者 聯經出版事業股份有限公司
地址 台北市基隆路一段180號4樓
編輯部地址 台北市基隆路一段180號4樓
叢書主編電話 (02)87876242轉229
台北聯經書房 台北市新生南路三段94號
電話 (02)23620308
台中分公司 台中市健行路321號1樓
暨門市電話 (04)22371234ext.5
郵政劃撥帳戶第0100559-3號
郵撥電話 (02)23620308
印刷者 文聯彩色製版印刷有限公司
總經銷 聯合發行股份有限公司
發行所 新北市新店區寶橋路235巷6弄6號2樓
電話 (02)29178022

行政院新聞局出版事業登記證局版臺業字第0130號

本書如有缺頁，破損，倒裝請寄回台北聯經書房更換。 ISBN 978-957-08-4167-1 (平裝)
聯經網址：www.linkingbooks.com.tw
電子信箱：linking@udngroup.com

本書中文繁體字版由三聯書店（香港）有限公司授權出版，原著作名《中國男裝》

國家圖書館出版品預行編目資料

中國潮男/陳仲輝著．初版．臺北市．聯經．2013年4月（民102年）．520面．17×23公分（圖解）
ISBN 978-957-08-4167-1（平裝）

1.時尚 2.男裝 3.歷史

541.8509 102005876